VOYAGE
DE LONDRES
A GÊNES.

TOME PREMIER.

VOYAGE
DE LONDRES
A GÊNES.

PASSANT PAR L'ANGLETERRE, LE
PORTUGAL, L'ESPAGNE, ET
LA FRANCE.

Par JOSEPH BARETTI,

Secrétaire pour la Correspondance Etrangere de l'Académie Royale de Peinture, de Sculpture & d'Architecture.

Traduit de l'Anglois sur la troisieme
Edition en quatre Volumes

TOME PREMIER.

A AMSTERDAM,
Chez MARC-MICHEL REY.
MDCCLXXVII.

AVERTISSEMENT.

Lorsque ce Voyage parut pour la premiere fois, en Anglois, les Journalistes en dirent & beaucoup de bien, & beaucoup de mal; il semble en effet, au premier aspect, que M. Baretti ait plus cherché à amuser qu'à instruire son lecteur; mais à l'examen, on est forcé de convenir que l'auteur a scu rassembler, au milieu des longueurs qu'il auroit pu élaguer, beaucoup d'observations judicieuses, de détails curieux & de réflexions fines, bien capables de dédommager de la mauvaise humeur que peuvent donner à des lecteurs séveres quelques narrations trop prolixes. Le point de vue nouveau sous lequel notre Voyageur présente la nation Espagnole, à laquelle il rend plus

AVERTISSEMENT.

de justice qu'aucun autre historien, ne peut manquer d'intéresser tous les amateurs de la vérité: on ne peut qu'applaudir au courage qu'a eu M. Baretti de s'opposer au préjugé universel.

Quant à la traduction: faite par un homme de lettres, & parfaitement en état de saisir l'esprit de son Auteur, nous croyons que la littérature n'aura rien perdu pour la justesse & la fidélité.

On a ajouté quelques notes tant géographiques qu'historiques & critiques, selon l'exigence du sujet.

VOYAGE

VOYAGE
DE
LONDRES
À GÊNES.

LETTRE PREMIERE.

Avis du départ.

Londres, 13 *Août* 1760.

CHERS FRERES.

Je quitte enfin demain cette Métropole, & je pars pour Falmouth, dans le dessein de me rendre chez moi, en traversant le Portugal, l'Espagne, & une partie des provinces méridionales de la France, ce qui fera un voyage passablement long. Mais vous savez que toute communication est fermée entre Douvres & Calais, relativement à la guerre, & puisqu'il faut nécessairement que je me serve d'une route détournée, il m'importe fort peu quelle soit plus ou moins longue : je préfére de traverser l'Espagne & le Portugal à la Hollande, parce que j'ai lu assez de descriptions des Pays-Bas, & que je ne connois que très-imparfaitement le Portugal, & encore moins l'Espagne, dont nous n'avons que des relations très-fautives. D'ailleurs en suivant le chemin de Falmouth, je verrai aussi la partie occidentale de ce Royaume, que je n'ai pas encore visitée. Je compte donc dans trois mois, pour le plus tard, avoir le plaisir inexprimable de vous revoir, après une séparation de dix bonnes années : mon sang s'échauffe, & mon cœur palpite lorsque je pense qu'après une si longue absence, je pourrai reprendre ma place, à la table paternelle; j'aurai l'un de mes freres vis-à-vis de moi, & les deux autres à mes côtés!

Ainsi adieu, Angleterre! Je te quitte avec moins de regrets, parce que je ne te quitte que pour revoir ma patrie après une très-longue absence, je dis longue rélativement à la brieveté de la vie : Cependant ce n'est qu'en pleurant que je t'abandonne. Puisse le Ciel te protéger, & te faire prospérer! Toi mere illustre, feconde en hommes polis, instruits & vertueux. Toi magasin immense dé Littérature, pépiniere de guerriers invincibles, d'intrépides marins, &

d'ingénieux artistes (1). Adieu, adieu! J'ai dans ces momens tout à fait oublié les traverses & les chagrins que j'ai éprouvé dans tes différentes regions pendant l'espace de dix ans; mais je n'oublierai jamais le grand nombre de ceux de tes enfans qui m'ont

(1) Cette affectueuse Apostrophe n'a rien d'hyperbolique pour quiconque a étudié de près les mœurs, & le caractere actuel de la majeure partie des Anglais. Ce peuple est naturellement actif, généreux, & de bonne foi. La température de l'air en Angleterre fait que les esprits n'ont pas tout le feu des peuples du midi de l'Europe, mais leur donne une vivacité moderée également propre pour la guerre & pour l'étude. C'est cette constitution qui fait ces esprits profonds, capables des meditations les plus abstraites. On sçait tout ce que la philosophie & toutes les sciences en général doivent aux grands hommes que cette ille a produits. Doués presque tous par la nature des qualités qui constituent l'homme de guerre, ils soutiennent depuis plusieurs siecles la juste réputation qu'ils se sont acquise d'etre l'un des premiers peuples de l'Europe pour la valeur. On les accuse de rudesse & d'incivilité, mais cette accusation est fondée sur ce qu'on les juge par des dehors qui, à la vérité, ne leur sont pas tout à fait avantageux. D'un naturel froid & réservé, leur civilité ne se repand point en complimens & en contorsions mesurées, qui font souvent tout l'essentiel de la civilité françaife, ils s'abordent sans façon & méprisent les formalités inutiles. Cependant on doit leur rendre la justice que les voyages & le commerce des autres peuples ont beaucoup adouci cette rudesse nationale. Il n'y a pas de peuple qui puisse leur disputer le prix de la gé-

assisté dans mes besoins, encouragé à surmonter les difficultés que j'ai rencontrées, consolé dans mes afflictions, & communiqué la lumiere de leurs connoissances pour m'aider à me tirer du labyrinthe obscur, & difficile de cette vie. Adieu, Impériale Angleterre, adieu, adieu !

LETTRE II.

Voyageurs du Coche, Salisbury & sa Cathédrale, Milice, Cage à plonger à Honiton, Amour d'où il nait.

Exeter, 16 *Août* 1760.

ADMIREZ ! me voici à cent soixante mille & plus de Londres !
Je partis Vendredi, dans l'un de ces in-

nérosité. Sans entrer dans des détails particuliers, nous rappellerons au Lecteur ces édifices immenses, ces fondations multipliées pour le soulagement des malheureux, témoins constants de la générosité de quelques particuliers ; un *Thomas Gresham* qui seul a fondé cinq hôpitaux un College public, & un bel édifice (*l'ancienne Bourse Royale*). Une dame inconnue de Londres qui mit 1500 livres sterlings pour les pauvres de sa paroisse lorsque le parlement créa en 1706 un fond de 2575000 livres sterlings de rentes viageres, &c.

nombrables caroſſes, qui vont & viennent continuellement de ville en ville. Il contenoit ſix perſonnes, qui ſe trouverent toutes ſix de fort bonne compagnie, quoique aſſemblées par hazard, trois femmes dans le fond, & trois hommes ſur le devant vis-à-vis d'elles.

Ceci commence à avoir l'air d'un Roman, & n'en eſt pourtant pas un. Dans ce caroſſe ſe trouvoient une Tante un peu ſur le retour, avec ſes deux nieces, un gentilhomme Anglois, un Officier Ecoſſois, & votre frere aîné. Les ſix chevaux qui le trainoient alloient grand train. Je connus le pays de l'Officier à ſa prononciation, ainſi qu'à l'air ſérieux dont il s'entretenoit de nobleſſe avec la tante. Ce ſujet me parut ſon ſujet favori. L'Anglois & moi, emploiames notre temps plus agréablement, nous cauſâmes le plus que nous pûmes avec les nieces, toutes deux paſſablement jaſeuſes, & paſſablement jolies. Cependant la bonne tante, n'étoit pas auſſi ſérieuſement occupée de généalogie que l'Officier l'auroit déſiré, elle ne laiſſoit pas que de ſe tourner de temps en temps de notre côté, & d'encourager ſes nieces à montrer de la gaieté, & à nous chanter quelques vaudevilles; ce qu'elles firent ſouvent, de maniere à plaire même à des oreilles Italiennes.

Je ne rencontrerai vraisemblablement plus d'auſſi agréable compagnie dans tout le reſte de mon voyage; les pauvres voyageurs ne ſont pas aſſez heureux pour trouver de ſi bonnes tantes, & de ſi jolies nieces, ſi gaies, & ſi obligeantes. L'Ecoſſois quoiqu'un peu affecté, & ridicule dans les détails minutieux qu'il nous fit de la haute nobleſſe de la province d'Argyle, étoit à tout autre égard fort raiſonnable. Le Gentilhomme Anglois me parut fort inſtruit, & plus poli que ne le ſont ordinairement ceux qui comme lui ſortent tout fraîchement de l'univerſité.

Le premier jour je n'obſervai rien qui fût digne de remarque, nous allions ſi vite que je n'en eus pas le temps; je m'appercus ſeulement que les cabarets où nous nous arrêtions pour changer de chevaux, & nous rafraîchir, étoient tous bons & propres, ainſi que le ſont ordinairement tous les Cabarets des grandes routes d'Angleterre. Le ſecond jour, nous traverſames en hâte Salisbury, (2) mais comme j'a-

(2) Salisbury eſt dans une vaſte plaine de quarante Milles de tour, qui ne produit autre choſe qu'une petite herbe menue qui ſert de paturage aux brebis. Cette ville a été batie dans le douzieme ſiecle, des ruines de l'ancienne *Sorbiodunum* qui étoit ſituée un peu au deſſus ſur

vois beaucoup oüi parler de sa Cathédrale, je voulus la visiter en passant, ainsi je mis pied à terre & tout en courant, je parcourus la ville, je remarquai son marché, qui me parut spacieux, & abondamment fourni de vivres. Le long de la grande rue que je traversai, se trouve une eau courante des deux côtés qui en fournit à toutes les maisons, ce qui doit être d'une grande commodité pour les habitans; je ne restai qu'une minute dans la Cathedrale, c'est un superbe édifice, (3) beaucoup plus gothique que celui de Milan; mais qui autant qu'il peut m'en souvenir n'est pas la moitié aussi grand : je regarde celui de Milan comme le plus vaste édifice de cette espece qu'il y ait dans le monde entier.

Dans une large plaine, peu éloignée de

une hauteur aride & sterile. Elle est sur l'Avon à soixante-dix milles de Londres.

(3) Cette Eglise est ornée d'une superbe tour au dessus de laquelle s'éleve une pyramide ou aiguille l'une des plus hautes qui soit en Angleterre, elle étoit chargée autre fois d'une couronne imperiale qu'un coup de vent abbatit dans l'année 1688, on dit de cette Eglise, comme une rare merveille, qu'elle a autant de portes qu'il y a de mois, autant de fenêtres qu'il y a de jours, & autant de colonnes & de piliers qu'il y a d'heures dans l'an. *Jean Jewell*, à qui l'Angleterre doit l'histoire de sa Reformation, & celle des regnes de Charles II & Jacques II, fut Evêque de cette Eglise.

Salisbury, est un prodige, (je ne sais quel nom lui donner) nommé Stone-henge, (4) je serois fâché que vous neussiez pas conservé mes descriptions de plusieurs monumens remarquables de ce Royaume, Quand je ne devrois jamais revoir l'Angleterre, ainsi que cela pourroit fort bien arriver, je serois toujours bien aise de relire ces descriptions, pour me rappeller quelquefois un souvenir agréable; pauvre consolation (je l'avoue) comparée à celle que j'éprouverois en revoyant ce pays! mais, hélas, cela vaut encore mieux que rien.

Dans le voisinage de Salisbury, se trouve aussi une Terre appartenante à un Comte Anglois, qui renferme la plus ample Collection de statues, de bustes, & d'autres monuments antiques que l'on puisse trou-

(4) Stone-henge; Pierres d'une grosseur prodigieuse qui se trouvent dans une prairie nommée Aubury; les plus grosses sont dans une vaste plaine à six mille de Salisbury; dans les milieu d'une tranchée on trouve une triple enceinte de pierres, rangées en rond dont, quelques unes ont jusqu'à vingt huit pieds de haut, sept de large, & seize de circonférence. Les unes sont droites & les autres de travers par dessus faisant comme le linteau d'une porte: Elles sont attachées aux premieres par des mortaises, où sont enchassés les gonds quelles ont. Cela fait qu'on leur donne le nom de *Stone-henges* comme qui disoit pierres suspendues.

trouver dans ce Royaume, ainsi que plusieurs Tableaux précieux, le tout achetté du côté des Alpes que vous habitez, à des prix énormes. Je ne comprends pas ce qui a pu m'empêcher dans l'espace de dix ans d'aller visiter ce palais, surtout m'étant arrêté deux fois dans son voisinage. Les hommes sont naturellement portés à user de delai: ils renvoient au lendemain, ou à l'année suivante, & ce lendemain & cette année n'arrivent jamais.

Le troisieme jour nous dinâmes dans une petite ville nommée *Honiton* où l'on fabrique quantité de ces dentelles si fort admirées par nos Dames Italiennes connues chez nous sous la dénomination de *Merletti d'Inghilterra*. Je voudrois savoir pourquoi on n'en fait pas ailleurs, ceux qui les fabriquent ne sont ni philosophes ni sorciers ce ne sont que de pauvres femmes très-ignorantes, j'avois envie d'en achetter pour en faire cadeau à quelqu'un de ma connoissance à Turin, je n'exécutai pas mon dessein pour éviter l'embarras que m'auroit occasionné la visite du grand nombre de douannes où je serai obligé de passer avant d'arriver dans ma patrie.

Je vis d'une des fenêtres du cabaret à Honiton un bataillon de milice nouvellement levé, qui fit toutes ses évolutions, j'avoue que j'admirai peu son agilité. Cependant lorsque ces milices seront une fois bien disciplinées, elles résisteront aux troupes les mieux aguéries, & les François s'appercevront que ce n'est point un badinage, si jamais ils osent s'aventurer à traverser la mer dans leurs bateaux plats, & à mettre le pied sur le rivage d'Angleterre, ainsi qu'ils menacent de le faire depuis si long-temps.

Nous dînâmes très-vite, après quoi l'Anglois & moi fûmes nous promener hors de la ville, uniquement pour dégourdir nos jambes: nous nous avançâmes jusqu'à un ruisseau, au bord duquel je vis une machine nommée *Cage à plonger*; vous me demanderez ce que c'est! Je vous le dirai si je puis. C'est un siege pour s'asseoir. Un espece de fauteuil de bois à bras, fixé à l'extrémité d'une perche d'environ quinze pieds de long. La perche est placée horisontalement sur un poteau tout près de la riviere & liée à ce poteau, de sorte qu'en élévant l'une des extrémités on baisse la Cage & on la plonge au milieu du ruisseau. Me comprenez vous? Cette cage sert à présent à sausser les poissardes & les femmes de mauvaise vie: on prétend, que les superstitieux habitans d'Honiton, avoient coutume ci-devant d'y placer les vieilles femmes, qu'ils foupçonnoient d'être forcieres, & qu'ils les plongeoient fans pitié dans le ruiffeau plufieurs fois; au point que quelques-unes même en mouroient.

Tandis que ce jeune gentilhomme & moi philofophions gravement fur les fauffes idées qu'on s'étoit formées des forciers, & fur la croyance qui avoit fi généralement prévalu dans tous les temps & dans tous les pays, le caroffe nous joignit, mais au lieu d'y monter, nous voulions engager les jeunes Demoifelles à mettre pied à terre, & les plonger une ou deux fois dans l'eau l'opinion dominante de nos jours étant que toutes les jolies femmes font des enchantereffes, & que les vieilles ne le font plus; Mifs Anne & Mifs Hélene l'échapperent belle, elles peuvent en remercier le cocher qui étoit très-preffé, fans quoi elles auroient payé pour les ravages que leurs charmes ont occafionné.

Nos Dames, ainfi que l'Officier Ecoffois nous quitterent près d'Honiton, cette féparation parut nous affecter, nous nous embraffâmes &c. nous ne les vîmes partir qu'à regret: ais-je dit embraffer! oui, fur ma parole. Mais vous autres Italiens vous vous revoltez fi aifément, & regardez un baifer comme quelque chofe de fi férieux que je ne faurois vous paffer vôtre délicatesse. Ici nous n'en faisons aucun scrupule, surtout en pareille occasion, & réellement je ne saurois y voir aucune conséquence, quoique vous puissiez en penser. Qu'avez vous à dire ? vous autres habitans de l'autre côté de cette énorme chaine de montagne? Je suis sûr que je ne me ferai point à vos sottes façons, à présent que je suis accoutumé à celles d'Angleterre ; Qu'y-a-t il de plus ridicule que de voir des hommes embrasser des hommes, & des femmes embrasser des femmes ? Les Anglois ont cent fois plus d'esprit que vous. Lorsque je retournerai parmi vous, je veux décidément suivre les modes Angloises. Vous pouvez informer toutes les Demoiselles de vôtre voisinage que j'arrive pour corriger leurs manieres ; à présent que je suis voyageur je veux m'ériger en réformateur, & profiter des droits que s'arrogent mes semblables, lorsqu'ils retournent chez eux, ils se regardent, & avec raison, comme beaucoup plus savans & beaucoup plus sages depuis qu'ils ont vu le monde.

Cependant je ressentis plus de chagrin, qu'il ne me convient de vous le dire en quittant ces deux aimables personnes. Peut-être les ai-je vues pour la derniere fois ; & cette pensée est toujours affligeante. Rien n'attache plus les gens les uns aux autres que de voyager dans un même véhicule; cela eſt naturel. Nôtre amour pour le prochain nait du plaiſir qu'il nous fait, plus il nous en procure, plus nous lui ſommes attachés c'eſt là de la véritable philoſophie où je ſuis un ſot. Dans ce caroſſe aucun de nous ne pouvoit goûter d'autre plaiſir, qne celui que lui donnoit un de ſes cinq compagnons & chacun tâchoit d'en procurer un peu, afin d'en recevoir à ſon tour. Ainſi l'un chantoit un vaudeville, l'autre contoit une hiſtoire, l'autre lâchoit une plaiſanterie, l'un faiſoit ceci, l'autre cela. Le monde entier étoit hors de la voiture, & dedans il n'y avoit que nous. En conſequence, n'ayant rien autre à aimer, nous nous aîmions très-tendrement, & ſans réflexion. L'on a remarqué que l'amour le plus fort eſt celui qui n'ait dans une priſon; & le Caroſſe étant pour nous pendant trois jours une véritable priſon: nous devînmes tous aſſez amis durant ce court eſpace de temps pour être affligés de nôtre ſéparation. Mais à quoi bon ce babil? Nous nous ſeparames, & tout fut dit. Ces plaiſirs & ces chagrins paſſagers ſont le vrai partage des Voyageurs. Le Caroſſe ne va pas plus loin que cette Villé, & il faut que je ſonge à me pourvoir demain d'une autre Voiture.

LETTRE III.

Se bien mettre n'est point blâmable. Cinquante nez cassés. Promesse d'écrire des bagatelles.

Encore d'Exeter 17 Août 1760.

J'AI parcouru de bonne heure ce matin toute la Ville (5), elle n'est pas des plus belles, elle est très mal pavée, & très-Sale quoique nous soyons en été, en hyver elle doit l'être dix fois plus. Les maisons sont généralement bâties dans un goût d'Architecture si barbare que si Palladio avoit eu le malheur de les voir il se seroit pendu

---

(5) C'est une des plus grandes villes du Royaume située sur la rive orientale de l'Ex dont elle tire son nom, les anciens Romains la connoissoient sous le nom de *Isca Danmoniorum*: les Gallois l'appellent en leur langue *Caer isk*: elle est située en forme d'amphithéatre sur une Colline qui s'éleve au bord de la riviere, elle est bien peuplée & fort commerçante elle le seroit bien d'avantage si les vaisseaux y pouvoient monter mais ils sont obligés de s'arrêter à huit milles au dessous, (à Topesham). Un vieux château qui est à son extrémité orientale & bâti dans le dizieme siecle par le Roi *Athelstan* a été autrefois le palais des Rois des Saxons occidentaux.

de désespoir. Je voulus voir en courant la Cathédrale (6). Comme c'est aujourd'hui Dimanche, elle s'est trouvée pleine de monde, le Sermon du Prédicateur a roulé sur la parure; ce qu'il a dit pour en démontrer la Vanité étoit assez raisonnable, & débité avec onction; mais passablement hors de propos à ce qu'il m'a paru; car les Exoniens ne se piquent point (du moins ceux qui composoient l'auditoire) de magnificence. Plusieurs étoient proprement mis, mais personne n'avoit de prétention à la parure. Cependant eussent-ils été même un peu mieux habillés, je n'aime pas à entendre condamner la parure, qui est une des choses qui distinguent l'animal raisonnable d'avec celui qui est denué de raison, & quelque foible que soit celle qui fait sentir cette différence, elle n'est jamais déplacée. Les extrêmes sont certainement toujours des extrêmes, & la vanité de la parure peut-être portée si loin qu'elle devienne un ridicule, cependant elle ne peut presque jamais devenir criminelle; ainsi si j'étois prédicateur je ne voudrois point m'apesantir sur ce sujet, parce que j'ai remar-

(6) Cette Eglise est d'un dessein particulier quoiqu'en forme de Croix. On est étonné de la quantité de statues placées en trois rangs de niches dans la principale façade. Le diocese d'Exeter comprend deux Provinces, Devonshire & Cornouailles.

qué que les gens parés ont en général une espece de respect pour eux mêmes, & tout homme qui se respecte lui même, fait une bonne action. Quand à moi, je l'aime à un tel point que si j'étois assez riche pour cela, je voudrois presque toujours être richement vêtu.

Cette Cathédrale est gothique ainsi que celle de Salisbury, mais elle lui est fort inférieure à plusieurs égards : Elle est assez spatieuse pour contenir les habitans de la Ville, mais elle n'a rien de remarquable, excepté les cinquante figures (supposé que je les aie bien comptées) qui ornent son frontispice. Elles sont de haut-relief, & toutes sans nez. Le temps les en a privées & les a réduits en poudre, ainsi qu'il en use avec tous les nez soit de marbre ou d'autre matiere. Du haut de l'Eglise où je montai par un escalier tournant, dont les marches sont en mauvais ordre, je vis les dehors de la Ville, qui me parurent très-agréables, ils sont variés par des côteaux plantés d'arbres, & arrosés par plusieurs rivieres.

Il y a devant la Cathédrale quelques arbres formant des allées, chaque arbre est taillé en évantail. Aux environs des murs d'un château ruiné, qui est situé au dessus de la Ville se trouve une jolie promenade qui me parut très-fréquentée par les femmes vers le foir. J'y aperçus peu d'hommes, la vue à l'oppofite du château du côté de la promenade, eſt des plus agréables.

Demain m'a malle fera expédiée pour Falmouth par un Chariot ou par un tombereau; nous allons le Gentilhomme Anglois & moi à Plymouth, où je me propofe de faire peu de féjour. Je fouhaite d'être à Falmouth, & de m'embarquer pour Lisbonne; n'ayant plus de jolies femmes pour compagnes de Voyage, je m'apperçois que j'ai de l'impatience; & je défire la fin de ma courfe, réfléchiſſant de moment en moment plus férieufement aux trois mille milles qu'il me reſte à faire. C'eſt la feptieme ou la huitieme partie de la circonférence du globe. De Plymouth, & même de Falmouth, je vous écrirai de nouveau, & j'enverrai mes lettres à Londres, afin qu'elles puiſſent vous parvenir. Après mon départ de Falmouth je me propofe de vous écrire tous les foirs, même pendant que je ferai en mer, & de vous donner le journal de ma route; mais tout ce que j'écrirai par la fuite, ne vous fera remis que par moi même, comptez que je vous entretiendrai: ce fera, je l'avoue pour l'ordinaire de pures bagatelles, je n'aurai nulle part le temps de faire des réflexions bien férieufes. Je tacherai pourtant de ne pas être ennuyeux, du moins à moi même : probablement je n'aurai d'autre reſſource que ma plume pour charmer les ennuis de mes foirées.

LETTRE IV.

Manufactures de ferges, & de tapiſſeries. Le pere Norbert, & ſes ouvriers François.

Plymouth 18 Août 1760.

J'AI quitté ce matin à onze heures Exeter, après avoir vifité deux Manufactures, l'une de ferges, & l'autre de ces fortes de tapiſſeries, auxquelles on donne en France le nom de tapiſſeries des Gobelins, du lieu où on les fabrique à Paris. Les ferges d'Exéter, font à ce que l'on ma affuré, prefque toutes exportées dans les pays Catholiques pour l'ufage des Religieux & des Religieufes des différens ordres. Dans plufieurs différens Magafins de cette Ville on en trouve un nombre de Balles fi confidérables, qu'il fuffiroit à former les retranchemens du camp que l'on affure que les

Autrichiens formeront en Saxe, & qui doit être d'une très-grande étendue. Ceci doit faire comprendre qu'il se fabrique beaucoup de ces serges à Exéter; & que si les voyageurs prétendent intéresser il faut nécessairement qu'ils éxagerent: Plusieurs politiques fanatiques verroient volontiers abolir tous nos ordres Religieux; mais sans ces autres fanatiques dont ces ordres sont composés, Exéter feroit très-mal ses affaires, & son commerce languiroit.

Quand aux tapisseries des Gobelins, l'art de les fabriquer dans toute leur perfection a été apporté en Angleterre par un Anti-Jésuite distingué, le fameux Pere Norbert, Capucin François, auquel Benoit XIV (espece d'Anti-Jésuite lui même) a permis d'aller vivre en Angleterre, à condition qu'il y feroit les fonctions de Missionnaire, & qu'il convertiroit les bonnes âmes qui gouteroient sa doctrine; loin de chercher à s'aquitter de ce devoir ainsi qu'il s'y étoit engagé, cet honnête moine a pris la liberté de se séculariser de sa propre autorité, & s'est produit sous le nom de Monsieur Parisot. Il s'est établi directeur d'une manufacture de cette espece de Tapisseries. Il a trouvé moyen de se faire aider dans cette entreprise par une souscription volontaire de gentilhommes, & de gens aisés du

Royaume qui s'eſt montée à ce que l'on m'a aſſuré dans le temps à dix mille livres Sterling. Ce Monſieur trouva moyen d'empocher cette ſomme peu après ſon arrivée à Londres. J'ai été pluſieurs fois de cette Capitale à Fulham pour voir ſes métiers, qui auroient pu lui procurer une ſubſiſtance honnête, s'il s'étoit piqué de la moindre œconomie, mais il aimoit la dépenſe; & il poſſédoit des qualités ſi éminentes, ſurtout les deux vertus Cardinales, connues ſous les noms d'incontinence & de vanité, qu'il ne tarda pas à s'abîmer de dettes, fit banqueroute, & prit la fuite.

Les métiers, & les différens outils qu'il ne put pas emporter furent vendus publiquement, & un M. Paſſavant les acheta pour fort peu d'argent. Par ce moyen il établit une foible Manufacture à Exéter. Après avoir pris à ſon ſervice un petit nombre d'ouvriers déſerteurs des Gobelins de Paris, qui avoient été ſéduits par les magnifiques promeſſes de l'Ex-Capucin: en conſéquence de ces promeſſes ces malheureux vinrent en Angleterre; & braverent la potence qu'ils n'auroient pu éviter s'ils avoient été découverts: Le moine de ſon côté, dès-qu'il en eut un certain nombre en ſon pouvoir, ne craignit point de leur manquer de parole, les ſalaires qu'il leur assigna (& dont ils furent obligés de se contenter) furent très-modiques. Cet entrepreneur s'étant sauvé d'Angleterre, ces pauvres malheureux se trouverént dans la plus triste situation. Ils ne savoient d'autre métier que le leur; ignoroient entierement la langue, & ne pouvoient retourner en France, où ils auroient été pendus pour leur désertion; M. Passavant ramassa dans les rues de Londres le petit nombre de ceux que la faim & la misere avoient encore épargnés, & les fit conduire à Exéter, où il se fait un petit revenu de leurs travaux.

Je savois depuis quelques années la premiere partie de l'histoire de cet établissement, l'autre m'a été racontée à Exéter par les ouvriers François; & je m'imagine que vous ne serez pas fâchés d'être instruits de cette anecdote relative à un homme, dont vous avez si souvent entendu parler en Italie, à l'occasion de ses écrits satyriques & mordants contre les Jésuites, dont les Livres ont été pendant un temps entre les mains de tout le monde, & dont à la fin les mœurs & le caractere ont paru ne valoir pas mieux que ceux des membres les plus dépravés de l'ordre qu'il a si fort décrié.

Je prends à présent congé d'Exéter, & de l'orgue de sa Cathédrale, que les Exoniens ne craignent pas d'éxalter au deſſus de toutes celles d'Angleterre. Imaginez-vous dans ce moment me voir étendu dans une chaiſe de poſte, avançant à grands pas vers Plymouth tout à fait enchanté des beautés rurales de la Province de Devon (7), qui ne le cédent en rien à celles des parties les plus fertiles du Piémont & de la Lombardie : à nuit tombante j'ai atteint cette Ville ſans m'être rompu le col. Ce qui me paroît aſſez heureux, vu la maniere dont les poſtillons pouſſoient leurs chevaux. On ne voyoit abſolument plus clair lorſque j'ai mis pied à terre à l'hotellerie. J'écris ces lignes pendant que l'on prépare le ſoupé ; Quelqu'un pourroit-il m'accuſer de pareſſe !

(7) Cette province n'a pas un terroir fertile pour le bled ; ceux qui veulent en ſemer ſe ſervent du ſable de la mer dont les parties ſalines l'engraiſſent & le rendent fécond : ce pays eſt entrecoupé de Montagnes, Bois & Prairies. Sa principale richeſſe conſiſte dans le débit des laines qui ſont les plus fines du Royaume. L'air y eſt généralement ſain, ſubtil & pénétrant. Les habitans ſont vigoureux & paſſent, avec ceux de Cornouailles, pour les plus robuſtes de l'Angleterre.

LETTRE V.

Un Vaiſſeau de guerre, & un Chantier viſités.

Encore à Plymouth ce 19 Août 1760.

CE matin j'ai parcouru cette Ville (8) elle eſt petite & irréguliere, j'ai viſité ſes deux Egliſes nommées St. André, & St. Charles. Les Anglois font peu de cas des ſaints, & cependant ils donnent leurs noms à leurs Egliſes : ce qui me paroît une petite inconſéquence ; cela prouve combien il eſt difficile de s'affranchir des anciens uſages.

Je me ſuis promené quelque temps ſur le quai de la rade, & le long du rivage de la mer, ou je n'ai rien vu de remarquable que deux mulets bais ; l'un des deux

(8) Cette Ville eſt un des meilleurs & des plus fameux Havres de cette côte. Le Plyme & le Tamare qui ſe rencontrant dans leur embouchure y forment un vaſte port ou les plus gros vaiſſeaux peuvent entrer à pleines voiles. Il eſt défendu par la citadelle que Charles II. y a fait bâtir. Plymouth n'étoit autrefois qu'un village de pêcheurs, elle a donné naiſſance au fameux Capitaine François Drake qui entreprit en 1577 le tour du monde, & le fit en une navigation de deux ans & dix mois.

étoit boiteux : il faut pour conferver ma réputation de voyageur expérimenté, attentif & judicieux que je vous obferve ici que les mulets en Angleterre ne font pas à beaucoup près fi communs que chez nous, ces deux font prefque les feuls que j'aie vus depuis dix ans.

Ayant notté fur mes tablettes le mulet boiteux, je me fuis acheminé vers l'arfenal ou le Chantier ainfi qu'on le nomme ici ; il eft à environ deux milles de diftance de la Ville : dans le chemin qui y conduit, & tout auprès, j'ai apperçu un vaiffeau de guerre de foixante ou foixante & dix Canons nommé le Nottingham. Il ne faifoit que d'arriver d'un long voyage ; on étoit occupé à le râdouber. Comme je n'avois jamais examiné l'intérieur d'un vaiffeau de guerre, je me fuis déterminé à le vifiter tout à mon aife, avec l'affiftance de deux Matelots qui m'ont expliqué l'ufage de fes différentes parties, fatisfaifant à mes nombreufes & fottes demandes avec beaucoup de patience ; Qu'eft-ce que ceci ? Qu'eft-ce que cela ? à quoi fert cette autre machine ? Réelement ces drôles auroient eu raifon de fe moquer de ma profonde ignorance. Je fuis fûr qu'ils fe faifoient des fignes, & rioient fous cape ; cependant, je le répete, je ne pouvois, me choquer &

il

il étoit tout naturel qu'ils s'amusassent des questions d'un marin tel que moi.

Cette visite dura près de trois heures; mais lorsqu'à peine elle fut finie, & au moment que je prenois congé de mes instituteurs, une espece de gentilhomme fort hâlé est monté à bord. Je m'imaginai que c'étoit un officier de marine; il m'a abordé, avec une politesse qui lui étoit particuliere, c'étoit un mélange de franchise & de rudesse, je ne sais réelement quel nom lui donner : supposez un composé de hardiesse, de mépris, d'orgueil & de bonté; formez une idée de ces différentes idées & jouissez de vôtre ouvrage. Apprenant que j'étois étranger, que je n'étois jusqu'alors jamais entré sous le pont d'un vaisseau de guerre; il ma saisi tout d'un coup par les deux mains, & les a serrées avec tant de force qu'il m'a été impossible de les dégager. ,, *Allons, Monsieur, descendons, &* ,, *je vous ferai tout voir. C'est un vieux* ,, *damné de bâtiment; nous irons tous à* ,, *fond avec lui au premier voyage; mais* ,, *je ne m'en soucie guere*". J'ai eu toutes les peines du monde à me débarasser de lui. Après quoi je suis entré dans l'une des hotelleries du Chantier où j'ai diné.

Après diné, j'ai été chercher un Constructeur, ou Architecte de vaisseau pour le-

Tome I. B

quel j'avois une lettre de mes amis de Londres, qui le prioit de me faire voir le Chantier, & ce qu'il y avoit de curieux à Plymouth ; c'est un homme de très-bonne société, habile dans sa profession outre laquelle il possede d'autres connoissances.

Il m'a conduit dans les endroits les plus secrets du Chantier & m'a fait voir tout ce qu'il contient. J'y ai remarqué de prodigieux monceaux de canons, des montagnes de boulets, attendant impatiemment l'occasion de coopérer à la destruction de l'espece humaine : j'y ai vu encore un nombre considérable de mâts de différentes grandeurs, modestement couchés dans un immense enclos. J'y ai vu une sale d'une longueur prodigieuse, dans laquelle plusieurs hommes, courants le dos en avant, & le ventre en arriere, (vous m'entendez) fabriquoient des cordes, qui étant ensuite jointes plusieurs ensemble, forment des cables gros comme mon corps. J'y ai vu de vastes Chaudieres remplies de poix, qui servent à faire bouillir ces cordes. J'y ai encore vu une très-grande rouë construite de maniere quelle peut contenir une douzaine d'hommes, qui la fort tourner avec rapidité, en marchant continuellement sur des especes de degrés de bois placés en travers dans son intérieur. Vous connoissez ce que l'on nomme chez nous en François une grue, une cage à vis, mise en mouvement par l'oiseau qu'elle renferme, cette roue est faite d'aprés le modele d'une cage à vis, & les hommes qui s'y trouvent peuvent à juste titre porter le nom de ses oiseaux. Ils étoient nuds comme des vers, à l'exception de leurs chausses de matelots. Les hommes tournent la roue, celle ci fait mouvoir une presse; la presse serre les cordes qui ont été bouillies dans les chaudieres, & les cordes ainsi pressées, rejetent la poix dont elles y avoient été imprégnées. Enfin j'ai vu tant de choses dans ce chantier que si dans le nombre des cent mains de Biarée, il s'en étoit trouvé dix avec lesquelles il pût écrire, & qu'il eût été chargé d'en faire l'énumération il auroit eu peine à s'en acquitter en un siecle. Sur mon honneur en quittant ce lieu j'étois presque hors de moi même: mes facultés étoient pour ainsi dire absorbées, par l'immense variété d'objets qui avoient passé sous mes yeux. Il étoit nuit lorsque je suis arrivé à mon hôtellerie.

LETTRE VI.

Fortifications, le Mont Edgecombe, Habitation propre pour Jean Jaques, Un antiquaire & sa fille.

Encore à Plymouth, 20 Août 1760.

L'ARCHITECTE obligeant, m'est venu chercher ce matin de bonne heure ; & m'a conduit à bord d'une chaloupe munie de six bons râmeurs, outre l'homme du gouvernail : nous avons traversé avec beaucoup de vitesse une partie de la rade, & nous sommes descendus dans une petite île pleine de rochers, nommée St. Nicolas, qui a été placée par la nature précisément au milieu de l'entrée de la rade de Plymouth. En moins d'une demie heure nous avons fait le tour de ses fortifications ; nous avons ensuite visité la Citadelle, qui est réelement très-forte, & si bien défendue par des batteries, que malheur à l'argonaute François qui oseroit jamais venir chercher la toison d'or sur cette plage. Je n'ai cependant point été étonné de sa force ; Quand on a vu nos forteresses des Alpes, surtout

Feneſtrelle & la *Brunette*, on ne peut guere s'attendre à rencontrer rien de plus formidable.

Ce fut Charles II. qui conſtruiſit cette citadelle, afin de contenir les habitans de Plymouth, qui avoient ſuivi le parti de Cromwell dans la fameuſe guerre civile. L'on a depuis quelques années ajouté de nouvelles fortifications à celles de la rade & du Chantier. Enforte que ſi les habitans de Plymouth ont eu autrefois la mortification de ſe voir bridés par elles, ils ont actuellement la ſatisfaction de s'en voir protégés, & à l'abri des attaques des forces de l'ennemi. Aucun pouvoir ne ſauroit à préſent ſe flatter d'y faire une deſcente à moins d'une immenſe armée. Je doute même, qu'il fût poſſible de s'en rendre maitre (j'entends aux François avec toutes les forces qu'ils pourroient y conduire) vû la difficulté qu'il y a d'en approcher; & que l'ile de St. Nicolas & la citadelle ſe protégent mutuellement. Que cela ſoit poſſible ou non, je ne voudrois point me trouver à bord du vaiſſeau qui formeroit la tête de ceux qui tenteroient une entrepriſe auſſi hardie.

Après diner, nous ſommes rentrés dans la chaloupe, & avons porté le cap ſur une hauteur presqu'aussi élevée que celle des Capucins à la rive droite du Po... On l'appelle Mont Edgecombe; & c'est, proprement dit, un promontoire qui avance dans la mer à droite de la rade de Plymouth. Le propriétaire est un Lord, qui a fait construire son habitation sur le sommet; peut-être dans le monde entier n'en trouveroit-on pas une autre aussi bien située: vous direz que cette expression est hardie; mais si vous la voyiez vous seriez étonnés de la perspective, & de la quantité de choses qu'on découvre dans le lointain.

Des fenêtres, & même de tout le côté qu'elle occupe du promontoire, on voit en droite ligne devant soi le vaste Ocean qui s'étend fort au delà de la portée de la vue. L'uniformité de cette immense plaine liquide n'est interrompue que par une langue de terre distante d'environ dix milles du rivage. J'entends, qu'à environ dix mille de distance en mer il y a un phare placé sur un rocher, absolument isolé, appellé *Eddystone*: quoiqu'à une si grande distance, on découvre aisément ce phare du Mont Edgecombe. A droite est la rade, de St. Nicolas, la Citadelle, le Chantier, & la Ville de Plymouth; la rade fourmille de vaisseaux de guerre, & d'autres bâtimens de différentes grandeurs, dont quelques-uns sont à l'ancre, d'autres en mouvement, & un nombre étonnant de chaloupes, allant & venant continuellement à la voile ou à la râme; le tout environné d'un vaste terrain délicieux, coupé par un grand nombre de collines, & de ruisseaux. Ajoutez encore à ceci, que sous les fenêtres; & tout à l'entour du parc, on apperçoit des vaches, des daims, des canards, des dindons, & d'autres animaux paissants tranquillement sur un tapis de verdure, entouré d'une promenade circulaire; ce qui fait un beau contraste avec la scène animée qui se présente au dessous, dans la rade.

Qu'en dites-vous à présent ? on parle de la Chartreuse de Naples, & l'on prétend que sa situation est la plus belle qu'il y ait au monde, je le crois. Mais celle du Mont-Edgecombe est aussi la plus belle; & ainsi voila deux plus belles situations, l'une à Naples & l'autre dans la province de Devon. Sous le regne de la Reine Elizabeth, l'Amiral de la flotte nommée l'invincible, se croiant sûr de la conquête de l'Angleterre, supplia Philippe II. de lui donner Mont-Edgecombe, pour récompense de sa prétendue conquête. Philippe le lui promit; mais l'Amiral Anglois l'empêcha de tenir sa promesse; en détruisant la flotte par le moyen des brulots dont il fut l'inventeur: une horrib'e tempête avoit déja commencé sa défaite.

J'ai vu autrefois à Londres un modele de la tour où est le fanal & du rocher sur lequel elle est placée. Il y en avoit précédemment une qui fut emportée par la mer dans une nuit orageuse, & une seconde qui fut brulée par accident. Je me rapelle que j'admirai beaucoup le modele de celle qui subsiste actuellement ; le génie de l'architecte, (*Sméaton*) s'étoit signalé en trouvant moyen d'ériger un pareil édifice dans un tel endroit; c'est-à-dire sur un rocher en pente parfaitement nud, & presque continuellement en butte aux efforts d'un million de vagues courroucées.

Il étoit impossible de penser à creuser ce rocher, & par ce moyen de donner des fondemens à l'édifice, le rocher est presqu'aussi dur que le marbre; en conséquence l'architecte y fit faire plusieurs trous dans lesquels il fixa de grosses barres de fer: vous pouvez vous imaginer que l'on ne parvint à faire ces trous qu'après bien du travail. Alors on posa les fondemens entre ces barres, en joignant de larges pierres plates ensemble, de maniere qu'elles s'emboitoient l'une dans l'autre; on ne se servit pour cela d'autre sable que de celui qu'il fallut aller chercher dans le voisinage

nage de Rome. Vous connoissez la nature de la *Pozzolane*, qui se durcit sous l'eau chaque jour d'avantage lorsqu'elle est mêlée avec la chaux, elle s'incorpore alors avec les pierres de maniere à composer en fort peu de temps une masse très-solide.

Cette entreprise mérite certainement des aplaudissemens : de cette maniere le dangereux rocher est rendu visible aux navigateurs nocturnes ; deux lumieres sont allumées toutes les nuits au sommet de cet étrange édifice par deux hommes, qui l'habitent constamment ; & sont souvent des mois entiers sans voir personne, surtout en hyver. Lorsque le temps le permet, ces deux hommes reçoivent des vivres de Plymouth ; mais quelque abondamment qu'ils en soient pourvus, ils doivent toujours les ménager avec soin, crainte d'un long & orageux hyver, qui ne permettroit pas de leur en porter. Quels heureux jours certains mortels coulent sur la surface de ce globe ! se voir confinés dans un apartement étroit (il l'est réelement) au sommet d'une tour élevée de soixante & dix pieds, & ne découvrir au travers de ses petites fenêtres que la mer, n'entendre d'autre son que celui des vagues irritées qui viennent continuellement se briser contre les murs ! J'ai ouï dire que ces vagues s'élevoient quelquefois jufqu'à la tour & qu'elles arrofoient fes fenêtres. Le célebre Rouffeau n'a vraifemblablement jamais entendu parler de cette retraite; car il auroit brigué l'emploi d'allumeur du fanal ; lui qui fuit avec tant de foin la compagnie des autres mortels, on ne fauroit imaginer une habitation plus convenable à un philofophe, irrité comme il l'eft contre ce monde dépravé.

Après m'être promené quelque temps dans la promenade circulaire de Mont-Edgecombe, & avoir confidéré tout à mon aife fes différens points de vuë, j'ai pris congé du conftructeur, qui avoit à faire d'un autre côté, & je fuis retourné à la chaloupe, accompagné d'un autre gentilhomme qui avoit diné avec nous; fon air gai, la vivacité de fa converfation, & le refpect dû à cheveux blancs m'ont infpiré une forte fympathie pour lui. Il eft Naturalifte & Antiquaire ; en traverfant de nouveau la rade, il m'a montré un endroit à main gauche, & m'y a fait remarquer quelques trous profonds qui s'étendent fort au deffous du rivage. Près de ces trous, dit-il, vivoit anciennement un puiffant géant nommé Og-magog; & nous fommes informés par une vieille Cronique qu'il fe battit furieufement une fois contre un autre géant nommé *Coriné*, qu'il tua, & jeta dans la mer précisément près de ces trous ; de sorte qu'ils ont retenu jusqu'à ce jour le nom du vainqueur, & qu'ils sont connus sous le nom des trous d'*Og-magog*.

A notre arrivée à Plymouth ; mon compagnon de voyage a exigé que je fusse manger un morceau chez lui ; & tandis qu'on préparoit le soupé, il m'a montré sa collection de médailles, & de curiosités naturelles, Mais, oh qu'elle étonnante distraction pour un Naturaliste & un Antiquaire ! il s'est contenté de m'indiquer en passant un petit nombre des pieces les plus rares, sans m'assommer de détails longs & ennuyeux. Plusieurs de ses confreres ont pris la malheureuse habitude de tenir des discours sans fin à ceux qui sont assez infortunés pour tomber entre leurs mains, s'étendant sur chaque médaille, rongée par le temps, qu'ils possèdent, sur chaque idole, sur chaque reptile, sur chaque plante, sur chaque pétrification, & sur chaque cristalisation ; ils ne pensent pas que ceux qui n'ont nullement fait leur principale étude de cette science, regardent la meilleure partie de ces choses comme de simples bagatelles, & ne sauroient les voir des mêmes yeux qu'ils les contemplent eux mêmes, eux qui se sont accoutumés à y mettre tous leurs foins, qui les ayant ramaſſés avec beaucoup de peine & à grands frais, eſtiment chaque piece, qui compofe leur Cabinet, prefqu'autant que le bijou le plus précieux.

N'allez cependant pas vous imaginer que je blâme ceux qui raſſemblent des Médailles, encore moins ceux qui recherchent les morceaux d'hiſtoire naturelle, celui qui a le temps & l'argent, fait très-bien de les employer à ce genre de recherches, s'il n'a pas d'autre moyen de fe rendre utile à la République des lettres. Il eſt très-avantageux pour l'avancement de nos études de connoître un peu les anciennes Médailles, & les autres veſtiges des fiecles les plus réculés; & c'eſt un plaifir très-raifonnable d'avoir quelque notion de l'eſpece, des différentes pierres qu'on rencontre, ainſi que de chaque plante que l'on foule aux pieds, & de chaque fleur que l'on cueille: c'eſt encore une très-grande fatisfaction d'être en état de ranger chaque chofe dans fa véritable claſſe, cela aide à paſſer la vie d'une maniere auſſi agréable qu'innocente; mais d'accabler ceux qui vous rendent accidentellement vifite, par des détails ennuyeux & prolixes, c'eſt le comble de la mal-adreſſe, & c'eſt fatiguer les gens impitoyablement. Mon gentil-homme n'eſt point du nombre de ces discoureurs officieux, il ne m'ennuya pas un seul moment. Je ne veux point passer sous silence sa fille qui me parut, dans la conversation que j'eus avec elle pendant le souper, fort versée dans la science des coquilles & des papillons, & ne pas ignorer la maniere dont se forme le Corail & comment les insectes vivent dans ses cavités. Son pere lui a confié la direction de son cabinet, & elle connoit si bien ce qu'il renferme, que lorsque des étrangers en l'absence du maitre désirent le voir, elle est en état de les satisfaire & de remplacer le propriétaire. Je souhaiterois que nous eussions en Italie plusieurs Demoiselles de l'âge de Miss-Betsy aussi instruites qu'elle, & qui cherchassent à se procurer un amusement aussi innocent que celui d'éxaminer les différentes productions de la nature; je m'imagine que cet avantage ne les empêcheroit pas d'apprendre à bien danser, & à toucher du clavessin avec grace.

La fureur de barbouiller m'a fait prendre sur mon sommeil : ainsi, Bonsoir, j'apperçois l'aube du jour. Il est près de quatre heures à ma montre, & plutôt temps de partir que de se coucher; néanmoins je vais chercher mon lit : encore une fois Bonsoir.

LETTRE VII.

Petite Tyrannie difficile à éviter. Pluie continuelle.

D'*une Hotellerie nommée* HORSE-BRIDGE, (*c'est-à-dire, pont du chéval*) 21 *Août* 1760.

CETTE journée a été très-pluvieuse, ce qui a rendu mon court voyage fort désagréable. N'ayant personne avec qui m'entretenir dans la Ville où j'ai dîné, & ayant cependant envie de jaser, j'ai pris le parti de demander à mon hôtesse comment alloient ses affaires. Assez mal, m'a répondu cette vieille femme : je suis fâché, lui ais-je dit, d'apprendre que vous soyez mécontente ; mais comment cela peut-il être ; cette Ville me paroit si bien peuplée.

Alors elle m'a dit, que presque tout son territoire appartenoit à un noble Pair de ce Royaume ; qui n'y met jamais les pieds, & remet ses intérêts entre les mains de son agent. Par ce moyen, cet agent qui originairement étoit un homme de peu de chose, est devenu l'un des plus considérables personnages de la Ville ; & s'érige en Bacha avec presque tous les habitans, voyez vous (ajouta l'hôtesse) cette jeune fille qui est devant vous ? Eh bien, elle est vertueuse, & a fait peu de cas des propositions de cet agent. Je n'en dirai pas d'avantage, mais celui-ci aiant pris de l'humeur contre nous, s'est déclaré nôtre ennemi. Il est tout puissant, & fait droit ou tort comme il lui plaît ; il n'est pas possible d'obtenir la moindre justice, le juge même le redoute. Quelques-uns de nos bourgeois auxquels il a fait des injustices aussi bien qu'à nous ont été séparément à Londres pour porter leurs plaintes au Lord contre lui ; mais ils n'ont jamais pu parvenir à lui parler, il est trop grand Seigneur pour s'abaisser à donner audience à de simples particuliers ; d'ailleurs plusieurs des domestiques de sa grandeur sont dans les intérêts du Bacha, & ferment toutes les avenuës aux plaignans. Tout le monde dit du bien de Mylord, & assure que s'il étoit informé de ce qui se passe dans cette Ville il ne tarderoit pas à y apporter remede. Pour me faire autant de mal qu'il lui est possible, l'agent ne veut avoir rien à démêler avec ceux des habitans qui fréquentent mon Cabaret, & comme il ne tient qu'à lui de faire de la peine à la plus grande partie, & d'ôter le pain à plufieurs, ayant, ainfi que je vous l'ai déjà dit, la conduite de prefque toutes les terres qui font du diſtrict de la Ville, dont les habitans font pour la majeure partie vaſſaux de Mylord, il ne lui eſt pas difficile de me ruiner: il ne me reſte d'autres reſſources pour fubſiſter que celle que me procure la venue de quelques voyageurs tels que vous qui s'arrêtent par hazard chez moi; d'ailleurs la route de Plymouth à Falmouth eſt très-peu fréquentée. Je ne faurois vendre un feul verre de cidre aux gens qui font dans la dépendance de cet homme. Tous m'évitent, & fuient ma maifon comme fi elle étoit affligée de la peſte.

Anglois, peuple libre! voyez, ais-je dit en moi même, ici tout comme ailleurs, la baleine engloutit les petits poiſſons: vous avez beau vanter vos loix, elles ne font point un antidote admirable contre toute efpece de tyrannie. Vous aſſurez cependant qu'elles font un Bouclier de diamant qui couvre toute vôtre île; il n'y a ici aucune efpece d'oppreſſion, non, pas même le moindre veſtige: fort bien, Meſſieurs, allez, addreſſez-vous à mon hoteſſe & vous entendez tout ce qu'elle vous en dira, vous apprendrez qu'il en eſt de vôtre pays comme de tous les autres: je veux dire que jamais Législateur mortel n'a inventé de loix assez parfaites pour mettre le foible à l'abri des attentats du fort (9), ou protéger ef-

(9) Voici, à ce sujet, l'extrait d'une Lettre d'un Russe, à Londres, à un de ses amis à Moscou.

Quelque combinée que soit l'administration de la justice en Angleterre, il ne laisse pas de s'y glisser beaucoup d'abus : tant il est vrai qu'il n'y a point d'établissement si sage que la perversité des hommes ne trouve moyen de rendre dangereux. Je conseillerois aux étrangers de faire un cours ou deux de chicanne avant de hazarder de se montrer ici en public......... S'il arrive que dans une contestation le droit soit du côté d'un étranger, l'on ne manque jamais de commettre un vice de forme pour lui faire perdre son procès......... si l'étranger s'obstine, & qu'il veuille prendre à partie le procureur qui a causé sa perte; nouvelles dépenses, & à coup sûr nouveau péché contre la forme, ce qui fera encore tomber infailliblement l'action ; car le corps respectable de Messieurs les *Attorneys* (procureurs) est trop uni pour se laisser condamner..... Le serment d'un scélérat, payé pour son parjure, suffit pour priver un innocent de sa fortune & de sa liberté.

Une fille jure qu'elle est enceinte des œuvres d'un étranger, sa grossesse est avancée de six mois, & celui à qu'elle l'attribue n'est à Londres que depuis quelques jours; son serment est reçu. On fait venir l'accusé; quelque chose qu'il dise pour sa justification, on commence par lui faire déposer une amende quelconque ; s'il refuse de payer, on le traine en prison, puis on examine à loisir les preuves pour & contre. Enfin après trois mois ou plus d'instruction aux frais de l'étranger, le procès est jugé, la fille est

ficacement le pauvre contre le riche; surtout lorsque les sujets de plainte ne sont

déclarée parjure, mais l'innocent en est pour son amende, & pour ses frais. La seule consolation qu'on lui laisse est le droit de décider de la punition que doit subir son accusatrice; punition qui ne peut jamais excéder quelques mois de retraite dans une maison de force.

Un Eunuque Italien nommé *Cæsareo*, après avoir subi par trois fois ce qu'on appelle ici la *Purgation*, ne trouva d'autre expédient pour se soustraire à la persécution des filles que de faire constater juridiquement son impuissance. L'eunuque se ruina à faire cette preuve, & on ne lui rendit point les trois amendes qu'il avoit payées.

Personne n'ignore l'aventure à peu près semblable qui arriva à M. de la Condamine, lors de son voyage en Angleterre.

Il n'est pas rare à Londres de voir un mari s'enrichir aux dépens de son ennemi, en faisant jurer à sa femme que celui-ci l'a séduite. Ce serment suffit pour faire condamner celui qu'elle accuse, & si la femme, par mal-adresse, déclaroit le jour & l'heure ou elle a été séduite, l'accusé ne seroit pas reçu à prouver l'*Alibi*.

On assure qu'on trouve ici des Juges de Paix qui tiennent à leur solde des filles toujours en état de *purger* la bourse des étrangers qui passent par leur district.

Il est donc prudent à un étranger d'avoir soin de faire une bourse pour les Voleurs, une pour les Filles de joie, une pour les Procureurs, une pour les Juges de paix, une pour les Faux Témoins, & une pour les Maris qui ont la fureur de se déclarer C........ Quant aux loix criminelles, elles sont infiniment mieux raisonnées que les loix civiles. Il est presqu'impossible qu'il en naisse des abus : il faut des preuves évidentes pour condamner un homme, & ces loix sont surtout très-douces pour les étrangers.

pas assez graves pour attirer l'attention du public, ce qui est généralement le cas dans les différentes oppressions auxquelles le peuple est exposé de la part des grands, les maux qu'une partie du genre humain voudroit accumuler sur l'autre seroient inombrables, si la loi divine plus respectable qu'aucune de celles qui ont jamais été inventées n'y remédioit. Nous devons tous faire les plus grands efforts pour nous l'inculquer les uns aux autres afin quelle produise tous les jours des plus grands effets. Cette loi seule, pourvu qu'elle soit exactement observée sera assez puissante ; mais étant méprisée, ou négligée, aucune autre ne sauroit la remplacer, & ne sera suffisante pour faire cesser & anéantir de pareils actes de tyrannie subalterne.

Ce fut ainsi que je passai tout mon après-midi à moraliser, strictement renfermé dans ma chaise à cause de la pluie. L'auberge de Horsebridge (où je me trouve actuellement) est sur les confins de la province de Devon ; demain au point du jour je serai dans celle de Cornouaille.

LETTRE VIII.

Livres de Chevalerie, différence d'Idiomes, Mines d'étain, d'or & de charbon. Pourquoi nous donnerions-nous tant de peine?

Falmouth, (10) 22 *Août* 1760.

A environ une portée de piftolet de la maifon d'où je vous ai écrit ma derniere

---

(10) *Falmouth* n'eft autre chofe qu'un port, mais grand & fpacieux qui eft formé à l'embouchure de la *Fale*, & l'un des meilleurs qu'il y ait en Angleterre. Cette Rivierre après avoir paffé par *Grompont* & *Tregnye* en reçoit une autre qui vient de *Truro* ou *Truru*. Groffie de ces eaux elle forme un large canal où la marée forme un excellent Havre, capable de contenir plus de cent bâtimens. C'eft pourquoi il eft le plus fréquenté de tous les ports de la Province. Guillaume III. y avoit établi une pofte par eau, pour communiquer avec l'Efpagne. Cette communication ayant été interrompue par la mort de Charles II. & par la guerre dont cette mort fut fuivie, on a établi la pofte de Falmouth à Lisbonne, & l'on a augmenté le nombre des paquebots jufqu'à quatre, afin que les nouvelles ne tardent pas en chemin. L'entrée du Havre de Falmouth eft partagée en deux bons châteaux conftruits par Henri VIII. fur les deux pointes qui la bordent. L'un de ces

lettre, se trouve un ruisseau sur lequel il y a une planche : à l'extrêmité orientale de cette planche finit la province de Devon, & à l'extrêmité occidentale commence celle de Cornouaille.

Il est souvent fait mention de cette derniere province (11) dans nos anciens livres de

châteaux s'appelle *Pendenis*: il y avoit là anciennement une ville nommée *Voluba* dont le nom est péri avec elle. Truro est un bourg médiocre avec un assez bon hâvre, ainsi que Foway, St. Yves & Penzance. Ces quatre places sont à l'extrêmité occidentale de la province. On voit à Truro un palais qui appartient aux Contes de Radnor.

(11) Le Comté de *Cornouailles* est la partie la plus occidentale de toute l'Angleterre, & forme une grande presqu'île enfermée de la mer de trois côtés au nord, à l'ouest & au sud, & séparée à l'orient du Duché de Devonshire. La Rivierre de la *Tamer* à l'endroit où elle touche ce Duché, coule vers le sud-ouest en se rétrécissant considérablement & se termine par deux promontoires, dont celui qui est le plus occidental porte le nom de *Lands-end*; ce qui veut dire le bout du pays; l'autre qui est plus méridional s'appelle la pointe du Lézard. C'est de ces deux promontoires qui avancent dans la mer comme deux cornes, que la province a pris le nom de Cornouailles, corrompu de *Corn-Wallie*, ce qui signifie la vallée cornue. Wallie est le pays de Galles, & les habitans sont de même origine que les Gallois sçavoir les descendants des anciens bretons qui furent contraints d'abandonner aux Saxons la plus grande & la meilleure partie de leur île. Delà vient qu'ils ont encore retenu quelque trace de leur ancien langage. Ce pays a soixante cinq milles de long & quarante dans sa plus

Chevalerie, elle y est répréfentée comme un pays, où les Chevaliers errants rencontrent fréquemment d'étranges avantures ; des Demoifelles infortunées, montées fur des palfrois blancs comme neige, en quête d'affiftance contre quelque géant qui leur a enlevé leur amant, ou contre quelque Nécromancien, qui a confiné quelque belle Reine dans une tour enchantée.

Il n'eft pas aifé de décider pourquoi la Cornouaille fe trouve plus fouvent nommée dans ces livres que la province de Dévon, ou celles du voifinage : peut-être qu'une Defcription de cette contrée aura eu de la réputation, & aura déterminé les Romanciers à la choifir, ou peut-être auffi que dans les fiecles de la Chevalerie, la Cornouaille a été plus connue des Italiens que la province de Dévon, à caufe de l'étain qui y abonde ; les Italiens étoient alors les plus grands (peut-être les feuls) Navigateurs de l'Europe, & la connoiffoient mieux que les autres provinces à caufe de ce métal : fi vous n'êtes pas contents de

---

grande largeur il contient trente deux villes ou gros bourgs. Quoique cette province ne foit pas une des plus grandes du Royaume il n'y en a cependant point qui envoie un auffi grand nombre de députés au Parlement. Cinq rivieres confidérables l'arrofent, outre un grand nombre de ruiffeaux.

cette conjecture, vous êtes les maîtres d'en chercher de plus plausible de la prédilection que ces auteurs avoient pour cette province, toutes les fois qu'ils plaçoient le lieu de la scene de leurs Romans en Angleterre.

Comme la distance de Falmouth à Londres est d'environ trois cents milles, je craignois que la différence de langage ne me causât de l'embarras ; mais j'ai éprouvé qu'il est à peu près le même dans toute la route ; celui que l'on parle à Falmouth est si parfaitement semblable à celui de la métropole que je n'y ai apperçu aucune différence. Il n'en auroit pas été de même en Italie, où dans une bien moindre étendue ; on rencontre souvent des dialectes tout à fait inintelligibles aux Toscans ou aux Romains, & ce qu'il y a encore de plus surprenant, on y remarque aussi d'autres mœurs, & d'autres façons de vivre ; au lieu qu'entre Londres & Falmouth ces changemens sont imperceptibles.

Il est cependant heureux que je n'aie pas fait cette route il y a un siecle & demi ; car on m'assure qu'on y parloit alors dans tout ce district certain dialecte de la langue Galloise, qui m'auroit été tout-à-fait inintelligible. Il y a lieu de s'étonner qu'en si peu de temps le langage de Cornouaille se soit entierement anéanti, surtout en considérant que les peuples qui habitent actuellement ce canton n'y ont point été transportés d'ailleurs; mais descendent en droite ligne des Colonies qui existoient alors.

Comme il avoit toujours continué à pleuvoir depuis que j'avois passé le ruisseau dont je viens de faire mention; je n'ai rien pu voir pendant ces trois derniers jours, à l'exception des chemins & des hôtelleries où je me suis arrêté; en conséquence je ne saurois vous dire rien d'intéressant rélativement au pays que j'ai laissé derriere moi. Mon intention étoit de m'arrêter à Truro, & de visiter les mines détain qui se trouvent dans son voisinage; mais cette pluie hors de saison, qui continue encore, a renversé tous mes projets, & me met de très-mauvaise humeur, de sorte que j'ai poussé jusqu'ici; & par ce moyen je me suis privé ainsi que vous de l'amusement & des instructions que ces courses nous auroient procurées.

Truro est la Capitale de la province de Cornouaille. Par ce que j'en ai pu voir, elle me plairoit d'avantage qu'Exéter & que Plymouth. L'étain est dispersé tout le long d'une des principales rues, en morceaux quarrés pesant environ trois cents livres à ce que l'on m'a dit: l'on m'a aussi assuré que

l'étain

l'étain est tiré de la mine mélangé de beaucoup de terre, qu'il n'est point en piece ou en masse, mais en grains qui ne sont pas plus gros que des grains de sable ordinaire. L'étain est séparé de la terre par différentes lessives, & lorsqu'il est ainsi séparé, on le fond & on le jette dans des moules quarrés. Les morceaux qui en sortent sont marqués au coin du Roi, & l'on paye un droit modique pour cette marque. Ensuite il est fondu de nouveau, & on lui donne la forme de lingots de l'épaisseur à peu près d'un pouce ordinaire, & d'un peu moins de trois palmes de longueur; & c'est sous cette derniere forme qu'il est exporté pour les différens pays où on l'emploie. Je me procurai un de ces lingots, que je pliai tout aussi facilement que j'aurois fait une corde; en le pliant on entend un tintement. Il ne casse point, à moins qu'on ne le torde fortement, & en sens contraire. Les morceaux quarrés ressemblent beaucoup à de l'argent brut, & rendent un son agréable lorsqu'ils sont frappés avec une pierre, ou avec un bâton.

Il est heureux pour les habitans de la province de Cornouaille d'être abondamment pourvus de ce métal dont on fait un grand usage, & dont ils sont presque les seuls possesseurs. Cet avantage compense abon-

Tome I. C

damment l'ingratitude de leur sol, qui m'a paru en plusieurs endroits très-stérile, j'ignore si nous avons de l'étain en Italie; mais j'ai lû une fois dans un voyageur Anglois que les côteaux des environs de Spolette & de Norcie en contiennent une grande quantité. Si cela est vrai, nos Italiens sont moins industrieux que les Anglois, puisqu'ils négligent ces mines; c'est une remarque qui a été faite par plusieurs étrangers, que lorsque la nature ne place pas ses trésors sous la main de nos compatriotes; ils daignent à peine recourir à l'art pour s'en procurer la jouissance. Je n'essayerai pas pour le moment de fixer la balance de nôtre industrie nationale comparativement à celle de nos voisins; cette discussion exigeroit beaucoup trop de temps. Je me contenterai d'observer, que l'on trouve dans plusieurs endroits de l'Italie des mines de charbon, qui n'ont jamais été examinées, si ce n'est par quelques curieux, j'ai vu moi-même plusieurs centaines de pauvres cherchant de l'or dans quelques-unes de nos rivieres, particulierement après une forte pluie dans un torrent nommé Orba, qui se trouve entre le haut Montferrat, & le territoire de Gênes; & l'on m'assura, qu'il arrive souvent qu'il y en a qui sont assez heureux pour en ramasser en peu d'heures jufqu'à la valeur d'un écu & même plus. Cependant perfonne n'a jufqu'à préfent fait la moindre tentative pour découvrir la fource d'où d'érive ce précieux métal.

Ces négligences & plufieurs autres de la même efpece, ont fouvent été blamées par les étrangers, & la réputation des Italiens en matiere d'induftrie eft mal établie, je crois même qu'on ne leur rend pas affez de juftice à cet égard; mais que nous faffions peu ou beaucoup d'efforts pour nous procurer du charbon & des métaux, je ne fuis pas d'affez mauvaife humeur pour me joindre à nos détracteurs. Il eft certain qu'il convient beaucoup d'être riche; & vous me croirez facilement lorfque je vous avouerai que je ne ferois point du tout fâché d'avoir dix mille livres de rente, & même dix fois autant. Mais lorfque je réfléchis que tout bien confidéré, l'Italie fe tire auffi bien d'affaire que quelque pays que l'on pourroit nommer; qu'il n'y a pas plus de befoins réels chez nous que par tout ailleurs; qu'il y a très-peu de nos pauvres qui foient entierement oififs, & que parmi ce nombre il y en a peu, très-peu même qu'un travail pénible & continuel ne puiffe enrichir; lorfque je confidere toutes ces chofes, je ne faurois, je l'avoue, défirer que les occupations foient fort multipliées pour nos pauvres. Je vous prie, dites moi, pourquoi l'homme

Fouillant le centre & renverfant la terre
Ouvre les flancs & le fein de fa mere
Et ravit des tréfors qu'elle eut foin de cacher.

& pourquoi travailleroit-il toujours avec plus d'ardeur, uniquement pour rendre le riche encore plus opulent?

L'Italie a été fi fort favorifée de la providence; quelle eft peut-être plus en état de fe paffer des productions de fes voifins qu'aucun autre pays : nous poffédons un fol fertile, qui nous fournit au moyen d'une culture facile non feulement les néceffités de la vie, mais encore plufieurs objets de luxe; & elle produit ce fuperflu en fi grande abondance, qu'il nous en refte encore affez pour en fournir à l'étranger, & les échanger contre d'autres dont nous nous imaginons avoir befoin. Nous ne manquons foncierement de rien, fi ce n'eft d'une fucceffion non interrompue de magiftrats qui s'appliquent à veiller à ce que chaque individu ait une part proportionnée au rang qu'il tient dans la communauté, des avantages que le pays fournit avec tant d'abondance. Laiffons les Anglois, les Hollandois, & les autres peuples nés dans des Climats moins fortunés que le nôtre, former continuellement des projets pour charger leurs pauvres de nouveaux travaux, & les occuper continuellement (si cela étoit possible) a ouvrir le sein des Montagnes, & à labourer la plaine liquide en toutes sortes de sens, afin d'augmenter le petit nombre de ceux qui jouissent sans travail. Ceux que le sort livre à des soins aussi pénibles ont trop à souffrir, & je n'aime point à voir nos indigens chargés de travaux capables d'en détruire quelques-uns, & d'accabler les autres par leur poids.

Je sais que les politiques, & les Négocians ont mille difficultés à opposer à de pareils raisonnemens. Les plus bornés d'entr'eux se croient en état de prouver que les Italiens étant moins industrieux doivent conséquemment être moins heureux que les Anglois, ou que les Hollandois, qui sont les vrais modeles de l'industrie moderne. Mais observons, que dans le Dictionnaire des politiques & des œconomistes, les mots richesse, & bonheur sont tout à fait synonimes; quoiqu'ils ne soient pas tout-à-fait tels dans celui des philosophes; & observons surtout, qu'il n'est possible d'enrichir la centieme partie des habitans d'un pays quel qu'il foit, que par le travail pénible & continuel des quatre vingt dix neuf reftantes.

LETTRES IX.

Sardines, Paquebots, & dernier Adieu à l'Angleterre.

Encore à Falmouth, une heure après midi. 23 *Août* 1760.

MA malle vient d'être portée à bord; j'ai déja diné; j'ai payé quatre guinées pour la permiffion de m'embarquer, & je n'ai plus rien à faire ici qu'à attendre le fignal du départ, le temps eft parfaitement beau, & le vent auffi favorable qu'on puiffe le fouhaiter, puifque la flamme ou banderolle qui eft à la tête du mât eft tournée du côté de Lisbonne.

Il eft fort heureux pour moi d'être arrivé hier au foir à Falmouth : fi j'avois tardé vingt quatre heures de plus, j'aurois été obligé d'attendre ici huit ou quinze jours le départ d'un second paquebot (12), ce qui n'auroit pas laissé que d'être ennuyeux, cette Ville ne fournissant à un étranger qui n'y connoît personne d'autre amusement que celui de la promenade, ou de la vue de la mer.

Je soupai hier avec des gens qui arrivoient du lieu où je vais; ils avoient eu une malheureuse traversée, du calme & des tempêtes alternativement; de sorte qu'ils avoient été vingt quatre jours à faire ce trajet. S'il m'en arrivoit autant, je maudirois de bon cœur la curiosité que j'ai eue de voir le Portugal & l'Espagne; cependant espérons pour le mieux. Je suis actuellement trop avancé pour reculer, & j'en veux courir le risque.

Ainsi donc, je ne serai bientôt plus en Angleterre! cette réflexion n'est point amusante, & bientôt je serai balotté au gré des vents & des flots. Croyez-vous que cela soit beaucoup plus agréable ? mais ce qui est réelement encore plus affligeant c'est que je n'aurai d'autre compagnie à bord que les gens qui composent l'équipage si

_____

(12) *Paquebot*, petit vaisseau de passage, qui sert particulierement pour les messagers & pour toutes les commissions d'affaires qui demandent de la diligence, les anglois écrivent *paquet boat*.

la traversée étoit longue, que faire pour passer le temps ? écrire & lire. Mais on ne sauroit continuellement lire & écrire : j'aurois encore besoin d'un peu de conversation, & je m'imagine que l'équipage aura autre chose à faire que d'écouter mes propos. Joignez, toutes ces différentes considérations & décidez si ma situation doit exciter l'envie. Mais c'est une vraie folie que de se livrer à ses idées surtout lorsqu'elles sont lugubres.

J'ai fort peu reposé la nuit passée, je m'étois couché d'assez mauvaise humeur contre la pluie qui continuoit à tomber avec force; mais me levant avec le soleil, j'ai été enchanté de le voir dans tout son éclat & de ne pas appercevoir le plus petit nuage au Ciel. Je me suis promené le long du rivage, en attendant le Capitaine du paquebot avec lequel je devois aller chercher mon passeport ; j'ai rencontré dans ma promenade un gentilhomme, qui m'a paru s'être levé d'aussi bonne heure que moi, je l'ai salué, il m'a salué, Monsieur, vous partez pour Lisbonne ? Je vous souhaite un heureux passage ? Je vous remercie de tout mon cœur : les paroles engendrent des paroles. Nous avons un peu parlé de la guerre, nous avons plaisanté sur les François, loué le Roi de Prusse, le prince Ferdinand,

dinand, &c. Après quoi il a été question de Falmouth: il m'a dit qu'il y faifoit un gros commerce de Sardines; & qu'il en envoyoit annuellement plufieurs Cargaifons dans différentes parties du monde, furtout en Italie.

Les Sardines, à ce que j'ai pu comprendre conftituent la principale branche du commerce de Falmouth: ce poiffon paroît ordinairement dans ces parages trois fois par année; & toujours en grandes troupes: celles que l'on pêche en hyver font les meilleures & fe vendent le mieux. On en prend une immenfe quantité, on les falle, on les encaque dans de gros barrils & on les vend pour la majeure partie dans les pays Catholiques; s'il arrivoit que le Pape fe fît proteftant, qu'il abolit le carême & les jours maigres, ou feulement qu'il déclarât qu'il eft licite de manger de la volaille le vendredi, les habitans de Falmouth ne s'en réjouiroient furement pas. Cependant, outre cette reffource ils ont encore celle de l'argent qui circule chez eux, & qui y eft apporté par les différens paquebots qui s'y trouvent fixés & d'où ils partent régulièrement pour différentes parties des Indes Occidentales, pour l'Efpagne & le Portugal. D'ailleurs les environs de cette ville ne font ni stériles, ni désagréables; ce que j'en ai pu voir me plait beaucoup, & Falmouth me paroît pouvoir être comptée au nombre de cette immensité de villes où un honnête homme peut fort bien vivre, pourvû qu'il ait assez de fortune pour pourvoir à tous ses besoins. Mais, voici, le coup de canon, signal du départ, qui de sa voix tonnante me somme de me rendre à bord. Ainsi encore une fois Adieu, Angleterre, Adieu.

LETTRE X.

Mal de mer, Monsieur ou le chien, Ni combat, ni tempête; Les Anglois se réforment.

A bord du Paquebot le Roi George, à environ cent cinquante milles de Falmouth. 24 Août 1760.

HIER environ sur les deux heures de l'après midi, je me rendis précipitamment à bord. Les voiles étoient tendues, & en moins de trois heures, ayant toujours la vue de la terre, nous nous trouvâmes à la hauteur d'un endroit nommé (13) *Lands-End*, qui (ainsi que son nom l'exprime) est à l'extrêmité occidentale de l'Angleterre; un peu après & lorsque je ne le vis plus, je poussai un profond soupir.

A huit heures tout ce qui nous environnoit n'étoit qu'eau. Le Ciel étoit tout à fait serain, nous avions un vent frais, & la mer étoit aussi unie qu'une glace ou que la table sur laquelle j'écris. Desorte que me trouvant déja à trente milles du rivage sans avoir eû aucun symptôme du mal de mer, je me flattois d'en être exempt. Je me rappellai qu'il y avoit près de vingt-cinq ans qu'en traversant ce petit bourbier pompeusement décoré du nom de *mer Adriaque* par les Vénitiens je m'étois trouvé incommodé à deux ou trois milles de terre; & que la même chose m'étoit arrivée il y a environ dix ans lorsque je traversai de Boulogne à Douvres: considérant à quelle distance j'étois de terre, mon espérance paroissoit bien fondée, cependant elle fut bientôt renversée, car au coucher du soleil mon estomac fut agité avec tant de

_____

(13) *Finis terra*, c'est-à-dire l'extrêmité du pays: on appelle ainsi le cape plus occidental de la Grande Brétagne, à 24 degrés de longitude du méridien de Londres; c'est la pointe de l'ouëst de la province de Cornouailles.

violence que pendant près de trois heures; je fus auſſi mal qu'il ſoit poſſible. On m'emporta dans la chambre preſque ſans ſentiment & on me mit au lit, où je me ſentis bientôt ſoulagé, & ne tardai pas à m'endormir; mon profond ſommeil ne fut interrompu, ni par les craquemens continuels du vaiſſeau, n'y par les chanſons, les courſes & les ſauts des Matelots.

Il étoit près de huit heures ce matin, lorſque j'ai été réveillé par quelques matelots qui crioient *voile, voile*. Comme je me trouvois paſſablement bien remis, je me ſuis levé ſur le champ, & me ſuis rendu ſur le pont, où environ une heure après, j'ai vu au travers de ma longue vûe un vaiſſeau qui paroiſſoit venir à nous. A préſent, me ſuis-je imaginé, j'aurai de quoi écrire, & le moyen de mettre quelqu'intérêt dans ma lettre du jour. Tous les gens de l'équipage avoient la vue fixée ſur ce Navire; les uns faiſoient uſage de téleſcopes, d'autres ne ſe ſervoient que de leurs yeux; perſonne ne pouvoit encore diſcerner s'il étoit ami ou ennemi. Nôtre paquebot eſt un excellent Voilier, deſorte que nous étions très-perſuadés qu'il ne pouvoit nous atteindre, & nous continuions nôtre route comme ſi nous n'avions aucun bâtiment en vue. Le Capitaine m'a demandé très-poliment des nouvelles de ma fanté, a dit qu'il efpéroit que je ne ferois plus malade, & a ordonné qu'on apportât le thé, il eft venu fort à propos, les efforts que j'avois fait la nuit paffée m'avoient occafionné un grand mal de gorge. J'ai dejeuné à fonds. J'ai regardé enfuite le vaiffeau qui nous pourfuivoit, j'ai pris un livre, je fuis defcendu pour diner, je fuis remonté pour regarder encore le vaiffeau, je me fuis remis à lire: vers les cinq heures du foir le vaiffeau fe trouvoit à deux ou trois milles de diftance de nous, & plufieurs de nos gens ont affuré pofitivement que c'étoit le *Maréchal de Belle Ifle*, Corfaire de Morlaix, armé de douze à quatorze Canons: je ne faurois dire quelles marques diftinctives le leur a fait reconnoître: comme leur fentiment à prévalu, nos matelots défiroient que le Chien s'approchât affez pour pouvoir lui lâcher une ou deux bordées, pour le punir de l'impudence qu'il avoit de nous regarder. Comme nous portons quelques canons de plus que le Chien (car Chien eft l'épitete) nous le guérirons fur le champ de fon effronterie; mais il eft très-féverement défendu aux paquebots de fe battre; lorfque par le moyen de leurs voiles ils peuvent éviter le combat; ils ne peuvent même pas s'arrêter pour attaquer l'ennemi quoique plus foible qu'eux, en conséquence Monsieur, ou le Chien (ces deux mots sont synonimes) est parfaitement en sureté, & peut nous chasser aussi long-temps qu'il lui plaira : nous venons d'ajouter quelques voiles à celles que nous portions déja, & le Capitaine m'assure que si ce vent continue nous le perdrons de vue en moins de deux heures. Ainsi la rélation de mon Voyage ne sera point ornée du récit d'un combat naval ; qui l'auroit rendue bien plus intéressante ; & elle paroîtra tout à fait insipide si nous sommes encore assez malheureux pour n'essuyer aucune tempête qui me mette à même de faire connoître mon talent pour la narration.

Que dirais-je à présent que le Corsaire est disparu ? Je manque de sujet pour griffonner encore une heure ; & il ne s'en présente point ici ; permettez que je retourne à la chére Isle que j'ai quittée hier.

Plus je m'éloignois de Londres, plus je trouvois le petit peuple affable. Je ne rencontrois personne qui ne fût prodigue de revérences & poli ; pendant tout le cours du Voyage je n'ai pas été une seule fois honoré de cette jolie épithete *chien de François*: dont la Canaille de Londres est si libérale envers tous ceux qui ont le moins du monde l'air étranger ; vous savez combien il y a peu d'étrangers qui puiſſent d'abord prendre la reſſemblance des habitans d'un pays qui n'eſt pas le leur.

Cette coutume d'inſulter les étrangers ſans le moindre ſujet, eſt attribuée par pluſieurs à la grande liberté dont jouiſſent les Anglois: je ſuis bien éloigné d'avoir un pareil ſentiment, cet uſage ne leur eſt point particulier; il ſe trouve d'autres Gouvernemens dont l'eſprit eſt tout à fait différent du leur, où la populace en uſe de même avec ceux qui ne ſont pas leurs compatriotes, & leur donnent des noms injurieux quand ils paſſent dans les rues: néanmoins j'ai remarqué pendant les dix années que j'ai ſéjourné en Angleterre, que les Anglois ſe ſont corrigés à cet égard, & je ſuis perſuadé que dans l'eſpace de vingt autres années ils deviendront tout auſſi honnêtes avec les étrangers que les François & les Italiens. Lorſque je fus pour la premiere fois à Londres, je me rappelle qu'un étranger pouvoit à peine ſe montrer dans les rues avec ſes cheveux en bourſe ſans être inſulté. Chaque crocheteur, & chaque charretier le tiroit par ſa bourſe, uniquement pour s'amuſer & fournir matiere aux paſſans de rire à ſes dépens; mais à préſent les gens du pays ainſi que les étrangers en portent publiquement ſans être moleſtés ; & le *chien de François* n'eſt plus ſi fort en vogue qu'il l'étoit autrefois, qu'on ne craignoit pas même d'en gratifier un Turc dont le menton étoit ombragé d'une barbe, & la tête cachée ſous un turban..

Le petit peuple de tout le Royaume ſemble ſe figurer qu'il n'y ait que deux nations dans le monde, l'Angloiſe & la Françoiſe, & il faut que celui qui n'eſt pas Anglois ſoit François. Il a encore quelque notion d'un peuple navigateur nommé Hollandois, pour lequel il a le plus grand mépris : mais parlez lui d'autres nations, comme par exemple des Italiens. Ils ont bien ouï dire quelque choſe des Italiens, „ mais „ les Italiens ne ſont-ils pas François? Que „ font-ils? ont-ils du pain à manger, ou „ de la bierre à boire ainſi que les An- „ glois? ou vivent ils de ſoupe maigre & „ de grenouilles comme les François?" (14)

(14) Les Anglois en général ont la réputation d'être grands mangeurs de viande. Après le pain, le bœuf & autre groſſe nourriture, leur mets ordinaire eſt ce qu'ils appellent *English pudding* ; mets inconnu aux autres peuples, & qu'on voit preſque toujours en Angleterre dans toutes les bonnes tables ; le breuvage commun eſt la bierre. Le charbon de terre & les tourbes ſont la matiere ordinaire du feu. Les amuſemens publics des Anglois ſont en général d'une autre eſpéce que ceux des autres peuples de l'Europe. Les Combats de coqs, de tau-

Ici vous ne pourrez retenir vôtre étonnement & vous ferez furpris de l'ignorance des Anglois: daignez vous rappeller celle de nôtre populace Italienne, elle ne leur céde en rien, j'ofe même dire quelle la furpaffe. Quelle idée nôtre populace a-t-elle des Anglois? Elle a ouï dire que ceux-ci ne croyoient pas à l'infaillibilité du Pape, par conféquent ils ne font pas chrétiens. Mais que font-ils? perfonne ne le fait pofitivement; les Anglois croient à la métempfycofe, & qu'ils feront transformés en certains animaux après leur mort; en at-

reaux, de dogues, d'ours, & généralement tout ce qui s'appelle *fighting*, *combat* eft pour eux un divertiffement fingulier. On dreffe des Amphithéatres pour ces fortes de jeux & ils font toujours remplis de fpectateurs. On voyoit autrefois à Londres des gladiateurs volontaires qui affembloient le peuple à fon de tambour & donnoient pour de l'argent le fpectacle d'un duel. A la vérité ces athletes avoient foin de ne fe pas faire grand mal: mais comme les fpectateurs vouloient, pour leur argent, voir un combat en forme, où il y eût du fang répandu, ils étoient obligés quelquefois de fe battre en déterminés, furtout lorfque quelque coup bien appliqué faifoit naître eux la colere. La courfe eft encore un de leurs plaifirs favoris, les courfes à cheval fe font ordinairement dans la pleine de *Newmarket*, leurs chevaux font connus dans toute l'Europe pour être extrêmement vites, & les Anglois ne les ménagent pas. De là vient le proverbe que l'Angleterre eft l'enfer des chevaux & le paradis des femmes.

tendant ils font tous Lords, & point hommes & femmes; mais quelque chose d'approchant que personne ne sauroit définir.

Telles font les idées que notre peuple s'eſt formé des Anglois, & ce qui aggrave fa fottife, c'eſt que tous les jours il voit des Voyageurs Anglois, qui reſſemblent autant à des hommes que le Pape lui même: Et quand à l'idée des Anglois relativement au manger & au boire, n'avez vous jamais oüi parler de cet honnête Napolitain qui alloit à Rome? Il remplit fa chaife de poſte de pain & d'oignons, ne fachant pas (difoit-il) fi l'on trouve quelque chofe à manger à cette diſtance de Naples.

En conféquence fi l'on veut paſſer au peuple Anglois fa groſſiereté envers les étrangers, & le mépris qu'il témoigne pour toutes les autres nations (mépris que les auteurs des différens Pamphlets politiques dont l'Angleterre eſt innondée ont foin d'entretenir, ne laiſſant paſſer aucune occaſion de les injurier) la populace Angloife eſt bien moins haïſſable que les étrangers ne fe la repréſentent dans les premiers momens de leur arrivée à Londres. J'ai vu les plus pauvres donner tous les fchellings qu'ils avoient pu ramaſſer pour contribuer à l'entretien des priſonniers François qu'on a fait pendant la préſente guerre: je les ai vus s'affliger lorfqu'on reçut la nouvelle que Damiens avoit affaffiné le Roi de France, & je les ai entendu pouffer des cris de joie univerfels lorfque leur Parlement ordonna qu'on feroit paffer cent mille Livres fterling en Portugal, au moment qu'on fut informé de l'horrible tremblement de terre de Lisbonne, pour foulager les malheureux Portugais. Que direz-vous de cette conduite? Eft-il poffible de haïr un pareil peuple? Et ne peut-on pas en faveur de fes bonnes qualités lui paffer fa ridicule coutume de donner des fobriquets dont il n'y a que les fots qui s'offenfent?

Mais il eft temps d'aller fe coucher, fi je me trouve demain de bonne humeur, je reprendrai ce fujet, & vous parlerai encore des Anglois. A l'exception d'un léger mal de gorge, je me trouve mieux que je n'ai été de ma vie; & cependant la nuit paffée mon mal étoit fi violent que je croyois en mourir; réelement ce mal eft terrible.

LETTRE XI.

Connoissance faite en Mer. Musette. Des Junons & des Vénus.

A bord du Paquebot le Roi George.
25 Août 1760.

LE nom du Capitaine est Baron, & celui du Lieutenant Oak, ils sont tous deux très-honnêtes, & très-polis. Je n'ai jamais vu personne plus attentif qu'eux à s'aquitter de leurs fonctions. Je crois qu'ils vivent sans dormir. Ils sont continuellement sur le pont, & observent soigneusement les matelots afin qu'aucun ne s'écarte de son devoir, à peine ose-je leur dire deux mots, crainte de les déranger. Cependant lorsque nous nous trouvons bord à bord d'une *culotte de bœuf* (expression qui leur est familiere) nous ne sommes pas muets, & buvons assez gaiement à la santé les uns des autres. Mais vous ignorez que j'ai découvert un trésor dans ce vaisseau : oui, réelement, un trésor & ce trésor c'est le Chirurgien. Ce matin, comme nous étions tous deux dans la grande chambre (j'entends une

chambre qui a huit ou neuf pieds de large.)
Je m'apperçus que ce Chirurgien feuilletoit un in-Quarto, que je reconnus être un Dictionnaire Italien, lifez vous l'Italien, Monfieur? ,, Je m'y fuis appliqué
,, depuis peu, Monfieur, mais je ne peux
,, pas me vanter d'y avoir fait de grands
,, progrès."

Ce font là les premieres paroles que je lui ai entendu prononcer, car il paroît très-réfervé. Monfieur, lui dis-je, je fais moi un peu d'Italien, & pour peu que cela vous faffe plaifir nous lirons une ou deux pages enfemble dans le livre que vous pourrez avoir: de tout mon cœur, répondit-il, il fut tout de fuite chercher un volume des confultations Médécinales de Redi, j'en lus quelques périodes auffi couramment que fi c'eut été ma propre langue. Il fut étonné de m'a facilité ne s'étant point encore apperçu à ma prononciation que je ne fuffe pas Anglois. Vous lifez, me dit-il, beaucoup mieux que moi; avez vous jamais été en Italie? oui, lui dis-je, j'y fuis feulement né, & y ai été élevé, de plus c'eft moi qui fuis l'auteur de ce même Dictionnaire que vous tenez. L'Ecoffais (il eft bon d'obferver qu'il eft d'Ecoffe) a paru extrêmement fatisfait de cette efpece d'aventure, & nous fommes tout de suite devenus intimes. Il parle Espagnol & Portugais, outre plusieurs autres langues; il a parcouru les quatre parties du monde, faisant les fonctions de Chirurgien à bord de plusieurs vaisseaux, & paroît très-habile dans sa profession, seroit-il possible de former une liaison plus agréable au milieu de l'océan Atlantique ? Il joue de plus, de la musette; instrument singulier que je n'ai jamais vu en Italie. Nos Montagnards ont, je l'avoue, des especes de musettes; mais différentes de la sienne. Ils introduisent l'air dans le sac en soufflant continuellement dans un tube tandis qu'ils en jouent; mais lui, l'enfle par le moyen d'un soufflet qu'il presse avec le coude gauche, tandis qu'il pose ses doigts sur les trous de la flutte: heureuse invention pour ménager ses poumons ! nous avons résolu de lire beaucoup d'Italien & de Portugais avant que d'arriver à Lisbonne. Je lui fais une infinité de questions sur le Malabare & l'Isle de Madagascar, & je lui raconte en revanche tout ce que je sais de Milan & de Vénise. Ne soyez plus inquiet de ma situation: je ne suis point à plaindre, & ce Voyage ne sera pas trop désagréable.

Je vous promis hier que je parlerois encore un peu des Anglois. Commençons par les Dames: sujet le plus intéressant sur lequel on puisse écrire.

Les Dames Angloises sont-elles donc plus belles que les nôtres? sur mon honneur j'étois persuadé que ce seroit là vôtre premiere question. Mais que ce soit la premiere ou la derniere! elle demande quelques réflexions. Cependant tout considéré je ne crois pas qu'il me convienne d'y répondre. Je me contenterai de vous faire part d'un bout de conversation que j'eus un jour avec un de nos plus habiles peintres, qui avoit passé ainsi que moi plusieurs années en Angleterre. Je lui fis cette même question, voici quelle fut sa réponse. En Italie, me, dit-il, j'ai vu plus de Junons qu'en Angleterre; mais en Angleterre il y a plus de Vénus qu'en Italie, vous ne devez cependant pas conclure de là, continua-t-il, que les beautés Italiennes soient toutes dans le grand stile, & toutes les Angloises dans le style maigre. L'Italie fournit nombre de jolies femmes, & l'Angleterre plusieurs beautés majestueuses: mais en général les Angloises ont le teint plus éclatant que nos femmes, & les nôtres ont les traits plus marqués ou mieux prononcés qu'elles (*fattezze risolute* fut le terme dont il se servit). Examinez à Ranelagh les teins & la taille des femmes, trouve-t-on rien d'aussi tentant & d'aussi agréable en Italie? Après cela regardez les nez de nos Dames Romaines, regardez les lévres des Napolitaines; examinez la taille des Lombards & des Vénitiennes! y a-t-il & quelque chose au monde qui soit plus fait pour le pinceau d'un Raphaël ou pour le ciseau d'un Michel Ange? Il y a encore une autre chose dans laquelle nos Italiennes ont l'avantage. Il n'y a point d'yeux qui soient comparables aux leurs, il vous enchantent du premier coup. Au Diable vos yeux, & vous prunelles lui repartis-je d'assez mauvaise humeur; je m'embarrasse très-peu de teint, de yeux, de levres & de mentons, de nez, & de tailles; qu'est ce que tout cela me fait! Je ne me soucie que de bon sens, d'esprit & de bonté, qui sont les véritables sources de l'amabilité chez le beau sexe. Ce sont les seules choses auxquelles nous devions nous attacher, & non à vos sottises relativement aux Junons & aux Vénus. Oseriez vous soutenir qu'en fait d'esprit, de bon sens & de douceur les Italiennes puissent le disputer aux Angloises (15)?

Le

---

(15) Quelque subtil que soit le paralelle du Peintre au sujet des Dames Anglaises & Italiennes & quelques claires que soient les conséquences qu'on en peut déduire, Nous

cro-

Le peintre voiant que je me fâchois, s'enfuit, en criant qu'il ne vouloit plus avoir à faire à un détracteur de sa propre patrie. De cette maniere je perdis une belle occasion de faire briller mon talent pour la dispute.

croyons devoir placer ici le sentiment d'un homme que nous sçavons en avoir parlé avec connoissance de cause.

„ A propos des femmes (dit-il) ce seroit leur faire tort
„ que de finir cet article sans parler d'elles. Un esprit tourné
„ au badinage auroit ici un beau champ, la bonne grace
„ & la beauté de nos Angloises lui inspireroient mille belles
„ pensées qu'un cerveau froid comme le mien est incapa-
„ ble de produire. Elles ont beaucoup d'avantages; leurs
„ chers maris comptant uniquement sur leur vertu, leur
„ laissent une douce liberté; on les traite partout avec
„ beaucoup d'égards & de respect. Ces égards & la li-
„ berté dont elles jouissent ont donné lieu à ce proverbe que
„ *s'il y avoit un pont sur la mer pour passer en Angleterre,*
„ *toutes les femmes de l'Europe y courroient.* Si cela était,
„ les Italiennes y seroient surement des premieres. Les
„ Angloises ont en général la taille avantageuse, le teint
„ extrêmement blanc & vif, l'œil doux. Et les manieres
„ fort agréagles, tout cela est soutenu d'une grande pro-
„ preté & de beaucoup d'enjouement. Elles aiment beau-
„ coup à se parer, elles ont long-temps suivi les modes
„ françoises ; maintenant elles deviennent de jour en jour
„ inventrices, elles ont les passions violentes, elles con-
„ noissent toutes les fureurs de la vengeance, & sont de
„ toutes les femmes du monde les plus attachées à ceux
„ qui leur ont inspirés de tendres sentimens. Pour les hom-

Tome I. D

LETTRE XII.

Ennui; vains efforts pour le chasser.

A bord du Paquebot le Roi George le 27 Août de bon matin.

Il m'a été impossible hier de faire usage de ma plume, à cause d'un calme tout plat qui m'a rendu malade, vers le coucher du soleil, un foible vent s'est fait sentir, j'ai pu manger un morceau de biscuit, boire un verre de vin, & gagner mon lit sans y être porté.

Ce matin à cinq heures je me suis levé, de fort mauvaise humeur, je n'ai jamais été si triste, je suis monté sur le pont, & je m'y suis tenu une heure entiere parfaitement désœuvré. Il est actuellement six heures passée, & je suis encore tout engourdi; mon esprit n'a même aucun penchant à être tiré de sa léthargie : cependant mon esprit n'est point de la même trempe qu'une bouteille de vin de Bordeaux qu'on n'ose re-

„ mes, ils se mettent fort simplement. Un habit propre &
„ bien formé, du linge blanc, & fin sont à peu près toute
„ la dépense qu'ils font en ajustemens ".

muer qu'avec précaution : en conséquence je prétends le secouer, & le forcer à guider ma plume jusqu'à ce qu'on m'appelle pour déjeuner.

Nous eumes toute la journée de hier un vilain calme tout plat ! Je sais à présent ce que c'est que le calme, & j'aime beaucoup mieux la tempête. Le Capitaine est d'un autre avis ; mais je persiste dans le mien. Le calme ne m'a-t-il pas rendu malade ! Et est-il possible de décrire l'horreur de ce mal que l'on nomme mal de mer ! Il faut être un grand orateur pour cela. Vous vous plaignez en dépit de vous-même : vous gémissez comme un loup blessé, en supposant que les loups gémissent quand ils sont blessés ; chose dont je ne suis pas encore bien sûr : vous êtes malade, très-malade, prodigieusement malade, & cependant, plus vous êtes malade, plus les marins vous répetent, que ce n'est rien, réelement rien ; rien du tout : ah que je les battrois de bon cœur, si je pouvois, pour oser appeller rien un tourment aussi cruel ; & cependant il est vraisemblable qu'ils ont raison car ils doivent le savoir mieux que moi.

Cette odieuse maladie n'est pas le seul fléau qu'il faille endurer à bord d'un paquebot ; on est encore exposé à un second que l'on nomme ennui, qui eſt tout auſſi redoutable, tout auſſi déteſtable : comment faire pour m'en préſerver. J'ai beau reſter en bas dans ma chambre ; ou me tenir ſur le pont. Si je reſte en bas, je ne ſaurois m'y procurer d'autre compagnie que la mienne, qui eſt aſſez paſſable tant que je peux écrire ; mais puis-je toujours écrire ! actuellement j'en ſuis fatigué ; & l'ennui s'empare de moi ſi je ne vais pas ſur le pont ; mais quand j'y ſerai qu'y ferais-je ? J'y vois ici une perche reſſemblante à un May, & là une autre : Elles ſupportent quelques pieces de toiles qui ſont pendantes en tems de calme, & reçoivent le vent dès qu'il commence à ſouffler. Ais-je autre choſe à contempler ? oui deux rangées de Canons de fonte qui refuſent de me faire entendre leur voix ſous le prétexte frivole qu'aucun Monſieur ne daigne aſſez nous approcher pour pouvoir lui parler. Sur quel autre objet puis-je encore jetter la vue ? Une plaine immenſe dont l'étendue m'a autrefois frappé, rendue infiniment reſpectable pendant un moment ou deux par ſon uniformité non interrompue, & épouvantable par ſa grave & maſſive ondulation. Cet objet eſt magnifique, prodigieuſement magnifique ! Mais je l'ai contemplé ſi longtems, que la familiarité à produit ſon effet ordinaire; & que je ne saurois soutenir plus longtems la vue de cette étendue, & de cette ondulation invariable. J'éprouve qu'il n'y a ce qui a la faculté de parler qui puisse me plaire long-temps; & l'océan ne peut parler!

Ici, vous me direz qu'un homme accoutumé à penser trouveroit moien de passer patiemment les heures, même dans une obscure prison, en exerçant simplement sa faculté pensante; rien de plus beau dans la spéculation! mais où est l'homme qui soit toujours assez maître de ses pensées pour les faire naitre à sa fantaisie? Quoique vous puissiez faire où vous êtes! il n'en est pas de même de moi dans ce paquebot. Je me suis souvent efforcé de me créer des objets, & pour vous en donner un exemple il n'y a qu'un instant que je m'imaginois avoir atteint la Ville de Turin, où vous attendiez mon arrivée avec impatience. Vous êtes tous descendus très-vite à l'ouïe du bruit du Carosse, & des claquemens de fouët du postillon. Six bras étoient étendus pour m'aider à descendre de ma voiture, l'un de vous m'embrassoit, l'autre me pressoit la main, celui ci étoit prêt à pleurer de joie, bien arrivé, bien arrivé, bien arrivé, comment vous portez vous?

Si l'illusion avoit duré l'ennui n'auroit

ofé s'approcher; mais je n'ai pas eu le pouvoir de la prolonger & elle a été auſſitôt diſſipée que formée; un des membres du vaiſſeau a craqué, ou un Matelot s'eſt mis à jurer, ou une vague eſt venue ſe briſer contre le gouvernail, adieu l'illuſion! Il eſt impoſſible à bord d'un paquebot de bâtir des châteaux en Eſpagne, qui vaillent la façon! Je me mets ſouvent dans la poſture de la fameuſe Magdeleine du Guide, le coude gauche ſur le genou gauche, le poing ſous le menton, & les yeux à demi fermés. Poſture excellente pour quelqu'un qui a envie de bâtir un château très-vaſte, dont les murs ſoient très-ſolides, les tours élevées, & les creneaux fort larges; mais à peine en a-t-on poſé les fondemens qu'ils ſe trouvent renverſés par quelque événement imprévu. Lorſque j'étois encore enfant l'un de mes plus grands plaiſirs étoit d'obſerver un petit cercle que j'avois formé ſur la ſurface d'un étang, en y jettant une petite pierre; mais mes camarades d'école; qui ſe plaiſoient à me tourmenter, ne s'appercevoient pas plutôt que j'étois plongé dans mes réflexions qu'ils accourroient, & ramaſſant ce qu'ils trouvoient ſous leurs mains, ils le jetoient dans l'étang, mon pauvre cercle étoit ſur le champ détruit par un million d'autres, rompu, confondu & effacé! Que dites-vous de cette comparaison! ne l'aurois-je point pillée de quelque poëte Anglois? Je pense que oui, mais je ne me souviens pas du quel.

On m'appelle pour déjeuner, lorsque cela sera fait, je prierai mon ami le chirurgien de me jouer un air de sa Musette, ensuite nous lirons un peu, & puis je me remettrai à griffonner.

LETTRE II.

Une bonite, & le poisson volant: Voyages de mer. Usages des Machines ou du merveilleux dans les Poëmes Epiques.

A bord du paquebot le Roi George. 27 Août avant midi.

JE viens dans l'instant de voir un objet que je n'avois encore jamais apperçu. Un poisson qui a cinq empans de longueur de la tête à la queue; les Matelots l'ont pris. Ils le nomment (16) *Bonito* mot espagnol

(16) En François, *Bonite* poisson fort commun dans la mer Atlantique, d'une couleur assez approchante de celle des *Maquereaux*, auxquels il ressemble aussi pour le goût, il a jusqu'à deux pieds de largeur.

D 4

qui signifie *passablement bon*. Je dois en avoir ma part à dîner pour m'encourager à manger; car le Capitaine jure que je ne mange rien; cela doit s'entendre seulement lorsque j'ai le mal de mer, car lorsque je me porte bien je m'acquite tout aussi bien de mon devoir qu'aucun de ceux qui sont à bord du paquebot.

L'hameçon avec lequel la Bonite a été prise, est à peu près de la grosseur de mon petit doigt, & l'appas étoit un morceau de guénille dont il étoit enveloppé avec l'addition de deux plumes appliquées aux deux côtés; de maniere qu'il ressembloit assez au *poisson volant* que les Bonites regardent comme un morceau friand. Il n'y a qu'un poisson aussi sot que la Bonite qui puisse jamais prendre un chiffon pour un met délicieux.

Le poisson volant est à peu près de la grosseur d'un harang. Ses nageoires sont à proportion beaucoup plus larges que celles d'aucun autre poisson & lui servent d'ailes. J'en ai vu dans la journée des milliers qui s'élancoient hors de l'eau, & voloient ou plutôt voltigeoient en droite ligne aussi loin que deux ou trois fois la longueur du bâtiment, & retomboient ensuite dans leur élément naturel.

Je n'avois encore jamais vu de poisson vo-

volant, ni de bonite, ainfi voici deux nouvelles idées que j'ajoute à celles que je poffédois déja. Je fuis enchanté de cette addition quoique peu confidérable : qui fait fi quelque jour je ne trouverai pas moyen d'en tirer parti ? pour placer une moralité, par exemple, en parlant d'un conquérant, ou de quelque Procureur ? pour amener une comparaifon neuve entre une pauvre hôteffe & certain agent de la province de Dévon ? nous ne poffédons jamais trop de connoiffances : nous devons toujours tâcher d'en accumuler le plus qu'il nous eft poffible. Chaque chofe trouve fa place dans l'occafion, & la moindre bagatelle peut devenir dans le moment où l'on s'y attend le moins très-utile foit en parlant ou en écrivant, en profe ou en vers.

Dans une heure la Bonite fera fervie fur table, j'aimerois mieux un anchois, pourvu que je fuffe avec vous pour le manger. Je lui donnerois la préférence fur le plus gros habitant de l'océan dans ce paquebot : Qu'il eft facheux de voyager par mer ! Et cependant je devrois avoir honte de le dire, confidérant combien eft court le trajet que j'ai entrepris. Lisbonne doit être envifagée comme très-voifine de Falmouth comparée aux Voyages de quelques Anglois, Hollandois, François, Efpagnols, & d'autres nations. Mais je suis un Voyageur semblable à Ulisse, qui ayant un peu parcouru la Méditerranée ; fit de cette course un aussi grand étalage que s'il avoit fait le Voyage d'Ithaque au Japon en passant par la terre de feu, & étoit revenu par une autre route. Cinquante mille particuliers, que dis-je, cinquante mille fois cinquante mille, qui n'étoient ni Rois, ni héros, ont été vingt fois plus loin, & jamais Poëte Méonien ne songea à composer de poëme Epique en l'honneur d'aucun d'eux. Le seul poëme épique qui ait été écrit depuis celui d'Homére pour célebrer un homme qui eut fait beaucoup de chemin, fut l'ouvrage d'un Espagnol. Je veux vous conter son histoire, cela allongera ma lettre.

Cet Espagnol (son nom est Ercilla) bien persuadé, qu'aucun poëte moderne ne seroit curieux de se donner la peine de chanter un homme qui auroit parcouru un petit nombre de milles par eau, & qui avoit été même jusqu'au Pérou (si je me trompe) résolut d'être lui même son propre Homere.

En conséquence de cette résolution, il s'assit à son pupitre, & après avoir invoqué Apollon & les Muses, rima un long poëme épique, dont son Voyage fut le sujet, & lui personnellement le principal héros.

J'ai quelque envie d'après cet exemple de

publier *l'Olifipoffey*, ou la rélation épique de mon Voyage de Falmouth à Olifipo (17) vulgairement Lisbonne. Quand au héros, je ne suis point du tout embarrassé pour en trouver un du plus grand mérite & quand aux subalternes mon brave Chirurgien est absolument sous ma main, & me tiendra lieu d'un Achille ; M. Baron me servira d'Hector, & M. Oak de Dioméde, d'Ajax, ou de tout ce que je voudrai. Le garçon de chambre lui même pourra remplacer Patrocle, Automedon, ou Calchas.

Mais sans Machines ou sans merveilleux un poëme épique ne vaut pas grand chose ; comment en inventer ? Au temps jadis le merveilleux étoit très-commun. Jupiter, Junon, Venus, Minerve, Neptune, Mars, & les autres Divinités étoient assez complaisantes pour voler au secours d'un poëte embarrassé. D'ailleurs on rencontroit presque dans chaque Voyage des êtres très extraordinaires moitié femmes & moitié poissons, qui chantoient des Solo & des Duo aux deux côtés du vaisseau, & qui faisoient mille tours & mille gambades sur l'eau. Ulysse lui même en trouva quelques uns

---

(17) Il paroît par une ancienne inscription que Lisbonne a été autrefois nommée *Olifipo* : elle a aussi porté les noms de *Ilivsibona*, *Ilysipona* & de *Felicitas Julia*.

dans le golphe de Naples, & un Archevêque qui étoit lui même une façon de poëte grec en profe françoife, nous a appris que Télémaque, fils ainé d'Ulyffe vit une fois une très-belle Dame affife dans toute fa pompe fur une énorme coquille d'huitre, voguant à une grande diftance du rivage qui entoure l'Ifle de Chypre, ou de Crete (j'ai oublié laquelle des deux.) Accompagnée d'un Orcheftre complet de violons & de joueurs de flutte, les uns nageants autour d'elle à l'aide de leurs queues, d'autres affis fur des Dauphins & des Requins, & un petit nombre à cheval fur des cancres & des écreviffes de mer.

C'eft là ce qu'on appelle du merveilleux, mais hélas! on m'a déja prévenu & fi j'ofois en faire ufage; il n'y a pas un chétif critique parmi les chétifs Journaliftes, ou écrivains périodiques d'Angleterre qui ne criaffent au plagiat!

Le bon temps pour le merveilleux eft paffé, & à préfent au lieu de Syrenes & de Tritons, nous ne rencontrons tout au plus dans nos Voyages que des Bonites & des poiffons volans; & certainement ni le poiffon volant, ni la Bonite ne fauroient dans ce fiecle critique tenir lieu de merveilleux.

Il faut donc que je renonce à mon *Olipoffey*; je ne me fens pas affez d'invention pour furmonter cette difficulté: & au lieu de me lamenter de ce que ni Syrene, ni Triton ne veulent venir nous chanter *Care Luci*, ou tirer de fons mélodieux de leurs coquilles autour de ce paquebot, je dois être content lorfqu'il plait à mon honnête Ecoffois de preffer avec fon coude le foufflet de fa mufette.

LETTRE XIV.

Maniere de vivre dans un paquebot; Profits réfultans d'un diné. Plufieurs milliers de reis ne font pas une grande richeffe.

A bord du paquebot le Roi George.
27 Août fur le foir.

Je ne devois plus faire mention de la Bonite. Je vous en ai déja affez parlé; cependant pour me donner la facilité de commencer une nouvelle lettre fans me tourmenter à imaginer un brillant exorde, je ne faurois m'empêcher de vous dire, que le nom de Bonite eft peu convenable à un pareil poiffon; car au lieu d'être *paffablement bon*, il eft réelement excellent.

De quoi vous entretiendrois-je à préfent? Je crois qu'il convient de vous inftruire du genre de vie que l'on méne à bord de ce paquebot.

Vous favez déja que le matin je me léve, quelquefois de bonne heure, d'autres fois plus tard. Vous favez auffi que lorfque je fuis levé, ou je fais quelque chofe, ou je ne fais rien, je lis ou ne lis pas, écris ou n'écris pas, & vous pouvez conjecturer qu'à huit heures je déjeune à l'Angloife avec du thé, & des beurrées : je compte pourtant me défaire bientôt de cette coutume; & dès que je ferai arrivé en Portugal je me propofe de reprendre celle de déjeuner avec des raifins, des figues & des melons pour me remettre au ton de la patrie, & ne pas y paffer pour étranger à mon retour.

Je remplis du mieux qu'il m'eft poffible l'intervalle qu'il y a entre le déjeuné & le diné: mon livre & ma plume, cela va fans dire. Quelquefois je me promene : le pont me fournit une promenade il a éxactement trois de mes pas & un pied en fus. Cet exercice à fes inconvéniens, n'étant point accoutumé à me mouvoir comme une crabe, penchant entierement d'un côté, afin d'ajufter mon corps à la fituation du paquebot qui penche fouvent à babord ou à tribord, (*à droite ou à gauche*) en conformité du côté d'où le vent fouffle. Lorfqu'il ne n'eft plus poffible de me promener, ou que j'en fuis fatigué, ainfi que de lire & d'écrire, je refte fans rien faire.

Quand à la converfation, elle n'eft pas bien vive ; le Chirurgien n'eft rien moins que babillard, le Capitaine & M. Oak s'occupent de hauteurs & de longitudes ; de forte qu'après que nous nous fommes mutuellement informés de nos fantés refpectives le matin, qu'à midi nous avons fait l'éloge du beau temps, & fçu le foir le nombre de nœuds que nous filons nous avons à peu près tout dit.

Mais le diné vient fur table ; vous me permettrez de vous dire que je ne dois plus exciter votre pitié ; ce diné eft toujours fi abondant, qu'il feroit fuffifant pour une douzaine de moines, qui auroient fait une longue abftinence.

Cette heure-ci eft dans la réalité la plus agréable des vingt-quatre, & la feule qui mérite d'être peinte avec de jolies petites ailes de papillon femblables au plus brillantes de celles dont Raphaël a fait ufage dans fes noces de Cupidon & de Pfyché ; peut-être voulant faire entendre qu'un diné de noce doit durer trois heures.

Mais avez-vous tous les jours du pain

frais? oui, Madame, nous avons un boulanger à bord qui pétrit tous les jours.

Mais vos viandes font falées?

Point du tout, Madame, à l'exception du bœuf. Le mouton eft frais; parce que nous en avons de vivans à bord, nous y avons auffi un joli cochon, & une fi grande quantité de cages pleines de volailles, que fi le Voyage duroit deux mois nous en aurions encore de refte.

Il n'y a point d'enfans en Angleterre qui ne fachent ces détails; mais nos Dames qui ne connoiffent que la terre, & qui font au de là des Alpes veulent être informées des particularités les plus minutieufes, & je fuis prêt à me foumettre à tout, dès qu'il eft queftion de les fatisfaire.

Par ces détails vous voiez que l'on ne fauroit mieux employer l'heure du diné, quelques fonges-creux ont fort blâmé le temps que l'on donnoit à cette occupation; & fe font amerement plaints de la néceffité où étoient les mortels de diner. Si les hommes, dit l'un d'entr'eux, étoient exempts de cette néceffité, conféquemment délivrés des foins de penfer à fe pourvoir de vivres, qui prennent prefque tout leur temps, ils auroient fans contredit plus de momens à donner à la culture de leur esprit; & à s'appliquer aux arts, aux sciences, aux manufactures & au commerce.

Mais, Messieurs, si j'ose dire mon avis après que vous avez décidé, permettez moi de vous représenter qu'il en arriveroit précisément le contraire. Si nous n'étions pas dans la nécessité de nous industrier pour appaiser nôtre faim, ne tomberions nous pas les uns après les autres dans l'oisiveté ? Pourquoi l'homme de lettres compose-t-il des livres ? l'homme de loi défend-il les droits de ses clients, les Médecins tatent-ils le poulx, les astronomes contemplent-ils les astres, les Laboureurs remuent-ils la terre ? les massons bâtissent-ils ? les tailleurs cousent-ils ? & les Soldats combattent-ils ? si ce n'est uniquement pour se procurer un diner ? Détruisez cette nécessité; & vous mettez fin à tout ce qu'il y a de louable & de désirable. Plus j'y réfléchis, plus je dis avec le Bergamasque (vous vous rappellez ce chantre de rue) dont les chansons avoient toujours pour réfrain.

Tuto, tuto in questo mundo
Che se fade bel e de bon
Vè per un piato de Maccaron (18).

(18)   *Oui je conviens qu'en ce bas monde*
Ce qui se fait de bien, de bon
Est pour un plat de Macaron.

Qu'il en soit cependant tout ce qu'on voudra : nôtre dîné dure rarement plus d'une heure. Le Capitaine, M. Oak, le Chirurgien & moi, sommes très-sobres & nous nous levons ordinairement de table aussitôt que la seconde bouteille est vuidée. Ensuite je me proméne, ou je m'assieds, je lis ou j'écris, ou j'écoute la Musette, jusqu'à ce que le soleil soit couché, & me laisse la liberté de contempler un moment la grande ou la petite ourse : vers neuf heures je demande un biscuit, & un verre de vin de Madére, après quoi je me mets au lit.

Voila à peu près l'histoire de chaque jour, & je ne crois pas qu'aucun de vous puisse trouver rien à blâmer dans une façon de vivre aussi réguliere & aussi innocente.

Vous allez vous coucher, dites vous. Mais je vous prie, quelle espece de lit avez vous ?

Mon lit est une certaine machine, placée dans un cabinet obscur, & fixée entre deux planches, de sorte qu'il ressemble beaucoup a un Coffre sans couvert. Il mériteroit peut-être mieux le nom de couche que celui de lit.

Je ne voudrois pas que vous vous imaginassiez que l'on me fournit ce lit, & ma nourriture uniquement en faveur de mon air de bon-hommie. Vous vous tromperiez si vous le supposiez. Outre les quatre Guinées que j'ai payées au Roi à Falmouth pour la permission de m'embarquer dans un de ses paquebots: à mon arrivée en Portugal il faudra encore que je compte vingt trois mille Reis au Capitaine.

Quelle somme étonnante! Et qu'il faut être riche pour payer tant d'argent!

Ne vous laissez pas emporter trop loin par vôtre imagination! Vingt trois mille reis ne font que cinq moidors; de sorte que si le Voyage, & l'appetit que j'ai actuellement durent longtems, le Capitaine Bawn sera à moitié ruiné. D'ailleurs pour m'assurer d'un court passage, je consentirois volontiers à lui donner quelques mille reis de plus. Long ou court il est clair que je ne pourrois que gagner à ce marché.

LETTRE XV.

Beauté de la nuit en mer. Trois Vaisseaux nous donnent la Chasse.

A bord du Paquebot le Roi George, 28 Août 1760.

La nuit passée le mouvement du Paquebot a été très-violent & très-désagréable.

Mais tant mieux ; c'est un signe que nous allions plus vite que nous n'avons encore été.

Trouvant qu'il étoit impossible que je dormisse pendant ce mouvement ; je me suis trainé un peu après minuit hors du lit, & je suis monté sur le pont, où j'ai employé mes deux yeux à contempler le paquebot, les Vagues écumantes, les deux ourses, & les autres flambeaux célestes.

Tous ces objets rassemblés forment au clair de la lune un spectacle que rien ne sauroit égaler. Le paquebot lui même (qui est certainement moins que rien, comparé par les yeux de l'esprit à l'océan & au firmament) le paquebot, dis-je, à l'œil corporel d'un pauvre mortel borné comme je le suis, fait une figure magnifique sur les Vagues, ajoute beaucoup à ce glorieux spectacle, & s'attire une bonne partie de mon admiration.

Il étoit entre deux & trois heures du matin lorsqu'un petit drôle qui étoit en faction à la tête du mât a découvert trois voiles qui lui ont paru nous donner chasse.

Comme l'uniformité de la vie que je méne actuellement me laisse constamment en proie à l'ennui : je m'imagine que j'éprouvai une espece de satisfaction en entendant inopinément le cri ordinaire de *voile*, *voi-*

le : & je fuis perfuadé que dans mon humeur chagrine, je n'aurois pas été trop fâché d'échanger une douzaine de boulets avec un ennemi nous battant en retraite.

M. Oak fe trouvoit alors fur le pont, l'on avertit fur le champ le Capitaine, le Chirurgien ne tarda pas non plus à paroître : nous ne fûmes pas long-temps avant que d'appercevoir tous bien clairement trois nuées de toiles pouffées de nôtre côté, le Capitaine décida que c'étoit trois vaiffeaux de guerre, & jura qu'ils étoient Anglois. Cependant peu curieux de chercher à leur parler, crainte de fe méprendre, nous avons forcé fur le champ de voiles, & en avons mis tout ce que le paquebot en pouvoit porter, & nous éloignant d'eux malgré tous les efforts que nous fuppofons qu'ils ont fait pour nous atteindre. La chaffe a duré quatre bonnes heures, & lorfque M. Oak s'eft apperçu qu'ils y renonçoient ; il nous a affuré qu'ils nous avoient reconnu à la viteffe de nôtre marche, & que ce font des vaiffeaux qui font partie de la flotte fous les ordres du Chef d'Efcadre Edgecomb.

Cette petite aventure, & la foible poffibilité d'un joli combat m'infpirerent tant de courage, que je réfolus de refter fur le pont jufqu'au diné, qui ne fe paffa point en silence ; comme nous avions tous quelque chose à dire rélativement aux trois voiles ; ce sujet ne fut épuisé que lorsque nous fûmes à même de parler du *Cap Finisterre* (19), dont nous eûmes une vue confuse vers les quatre heures après midi.

Je fus bien consolé en apprenant, que pourvu que le vent dure encore deux jours comme il est, nous ferions Dimanche à Lisbonne, n'en étant éloignés que de trois cents milles. Voila une bonne nouvelle, considérant combien je suis déja fatigué de mon Voyage, quoique jusqu'à présent il ait été aussi heureux qu'on pouvoit le désirer, à l'exception du calme du second jour.

(19) A dix ou douze lieues de la petite île de Cysarga en tirant au Sud-ouest est le cap Bellem : deux lieues plus bas est le Cap de Corianne, entre ces deux Caps l'océan fait une petite Baye vers l'entrée de laquelle est la Ville de Mongia ; à deux lieues de la est le fameux Cap de Finisterre dans la Galice, c'est le lieu le plus occidental de toute l'Europe, il fut appellé par les anciens *Artabrum & Celticum promontorium* & par quelques uns *Nerium*. Il a donné son nom à une petite Ville qui est près delà.

LETTRE XVI.

Ouverture dans la Chambre, pourquoi, & à quel ufage.

A bord du paquebot le Roi George.
29 Août 1760.

J'AI remarqué dans la journée qu'il y avoit un morceau de planche quarré & mobile au milieu de la grande chambre. J'en ai demandé la raifon au Chirurgien; & voici la fubftance de ce qu'il m'a dit au fujet de l'ouverture couverte par cette planche mobile.

Il part prefque toutes les femaines un paquebot de Falmouth pour Lisbonne qui ne porte autre chofe que la malle qui y eft envoyée de Londres : une malle n'eft pas une Cargaifon bien péfante, mais lorfque le paquebot retourne en Angléterre, outre la malle, cette ouverture eft remplie de tant de facs de monnoie d'or de Portugal qu'ils valent de trente à cinquante & même jufqu'à foixante mille livres fterling. Somme confidérable quand on vient à feuilleter l'almanac, & que l'on fe convainc que l'année a cinquante-deux femaines.

Ces facs font remis aux Capitaines des paquebots par les négocians Anglois établis à Lisbonne, & jetés par ceux-ci dans l'ouverture qui eſt dans la grande chambre, il eſt ſouvent arrivé que ces facs étoient en ſi grand nombre, & ſi péſants qu'ils nuiſoient à la marche des paquebots. Ce qui occaſionna une fois la priſe d'un paquebot nommé le Prince Frédéric, par un Pirate de Barbarie; ce Paquebot n'avoit pas moins de quatre-vingt mille Livres ſterling dans cette ouverture.

Vous pouvez à préſent vous imaginer ce qui fait que nous redoutons les vaiſſeaux qui pourroient nous donner la chaſſe. L'on ne prend pour Paquebot que les bâtimens dont la marche eſt éprouvée, & qui ſont reconnus pour excellents Voiliers: on a grand ſoin tant à Falmouth qu'à Lisbonne de les bien eſpalmer (20) avant qu'ils mettent en mer; afin qu'ils gliſſent & nagent comme de vrais Dauphins.

Il eſt inutile que je vous diſe que les Portugais (je parle du Roi & du peuple) ſont très-riches en or & en pierres précieuſes leurs richeſſes ne ſont cependant pas le

pro-

---

(20) Terme de marine qui ſignifie enduire le deſſous d'un vaiſſeau de ſuifs pour faciliter ſa marche.

produit du Portugal; mais celui de leurs Colonies d'outre-mer (21) j'ai souvent ouï

(21) Le Portugal, à le prendre en général, eſt un très-bon pays & abondant en tout ce qu'on peut ſouhaiter pour les beſoins de la vie. Le denrées de Portugal ſont principalement l'huile, les vins, & le ſel qu'on tranſporte en quantité de Sétuval dans les pays ſeptentrionaux: les marchandiſes, dont on y trafique, ſont apportées d'autres contrées. La mine d'argent que les Portugais nomment Quacaldana rapporte tous les ans 78 Quintos d'argent; chaque Quint. vaut 2673 Ducats, 8 Réales, & 26 Maravedis. Entre les pays qui ſont ſous la domination de Portugal, le Bréſil eſt maintenant un des principaux: c'eſt une contrée d'une très-grande étendue ſur la côte de l'Amérique, mais qui n'a que très-peu de largeur. Ce pays eſt vanté, tant pour la bonté de ſon air que pour ſa grande fertilité. Le plus grand revenu que les Portugais en tirent, conſiſte dans une quantité de ſucre que le terroir y produit en abondance. Ils en tirent auſſi du gingembre, de l'indigo, du coton & du bois de bréſil. Le Commerce que les Portugais font ſur la côte occidentale de l'Afrique n'eſt pas de grande importance parce que les Hollandois s'y ſont établi partout à leur préjudice. Les places même qu'ils tiennent ſur la côte orientale, n'apportent point d'autre profit au Portugal ſi ce n'eſt que les gouverneurs qu'on y envoie ſçavent s'y enrichir. Ce que les Hollandois leur ont laiſſé dans les Indes eſt de plus grande importance. Goa eſt une aſſez grande Ville où ſe fait un grand commerce de toutes ſortes de nations: cependant il y a longtemps que des politiques judicieux ont condamné la conduite des Portugais aux indes orientales. Ceux d'entre eux qui y demeurent n'ont preſque aucun ſoin de s'éxercer dans le métier

assurer avec confiance qu'ils tiroient annuellement du Bréfil la valeur de plus de deux millions de livres fterling. Quand au Portugal proprement dit, fes productions font fort peu de chofe, & fes manufactures ne méritent aucune attention. Les feules denrées qu'il fourniffe en grande abondance font les oranges, les citrons, & le vin: les Anglois achetent une grande quantité de tout cela; & cependant la balance de leur commerce avec ce Royaume eft confidérablement en leur faveur; les Portugais fe fourniffant chez eux de plufieurs articles tant pour leur propre confommation que pour celle de leurs Colonies au dehors. En conféquence le furplus dû à l'Angleterre, eft payé par le Portugal en or, & cet or eft dépofé toutes les femaines dans les ouvertures des chambres des paquebots.

Voyez comme les affaires de ce monde font balancées! Les Portugais ont befoin des commodités que les Anglois ont l'induftrie de fabriquer, & les Anglois ont befoin de l'or que les Portugais tirent du Bréfil, & ainfi cha-

---

des armes & ne font occupés que de plaifirs; auffi les Hollandois n'ont-ils pas eu beaucoup de peine à chaffer de la plupart des Indes une nation qui s'y étoit rendue odieufe & méprifable.

que nation pourvoit aux nécessités de l'autre.

Les François & les Hollandois ont longtemps cherché à ravir aux Anglois une branche de commerce si lucrative : mais j'ai deux raisons qui me font croire qu'ils n'y réussiront point. L'une est que les Anglois sont plus redoutables eux seuls par mer, que les François & Hollandois réunis, & la force supérieure à quelque chose en elle qui lui donnera toujours une prépondérance marquée, tant de nation à nation que d'individu à individu. L'autre raison est que ni les Hollandois, ni les François ne sauroient tirer du Portugal cette grande quantité de fruits & de vin que les Anglois en tirent pour une partie du payement des marchandises qu'ils lui fournissent. En supposant même que les Portugais fussent portés à se pourvoir de la majeure partie des productions qui leur manquent chez les François ou chez les Hollandois plutôt que chez les Anglois, ces derniers ne tarderoient pas à les obliger à changer de conduite ; ils n'auroient pas même besoin pour cela de leur déclarer la guerre. Ils n'auroient qu'à acheter les fruits & les vins qu'ils consomment par tout ailleurs, les Portugais seroient à moitié ruinés.

En conséquence il est très-probable, que les Anglois ne perdront point leur commerce avec le Portugal, aussi long-temps qu'ils feront usage du punch, & du vin, quand même les forces navales Françoises augmenteroient & les leurs diminueroient; ce qui en parlant humainement ne doit pas arriver sitôt. Si l'on en juge par les apparences, les Anglois ne sauroient terminer la présente guerre que d'une maniere avantageuse pour eux; & si cela est ainsi, quel pouvoir assez formidable osera de quelques siecles (22) s'opposer ouvertement à eux, & les attaquer par mer, & quel vaisseau s'hazardera à fréquenter les côtes du Portugal ou tout autre pays sans leur permission?

LETTRE XVII.

Vains souhaits, ou Chateaux en Espagne. J'étudie fortement. Comment on parvient à bien prononcer. Le Roc, le Roc.

A bord du Paquebot le Roi George 30 Août 1760.

Ecoutez avec attention tout ce que vous entendrez dire dans le courant d'une journée, & je suis très-fort trompé si vous

---

(22) *De quelques siecles!* La prévention est une chose étrange. On voit bien que ces Lettres ne sont pas faites d'hier, ni écrites à Boston.

ne convenez pas qu'il n'y a perfonne au monde, qui ne forme tous les jours de fa vie quelque fouhait dont il lui eft impoffible d'obtenir l'accompliffement.

Tout homme vivant eft parfaitement convaincu que les vains fouhaits ne font pas moins ridicules qu'abfurdes : malgré cela, étendez feulement la main & vous toucherez furement un mortel qui fouhaite fecrétement d'obtenir pour le moins autant de richeffes que Créfus, ou autant de pouvoir que Koulikan, ou une beauté comparable à la plus belle Circaffienne.

Je ne veux pas me donner la peine de rechercher fi ce penchant univerfel à défirer des chofes impoffibles eft une trifte dépravation de notre efprit, ou une qualité qui nous a été donnée à deffein par la nature pour d'excellentes fins. Qu'il en foit ce qu'on voudra. Je prendrai la liberté de confeiller à mes amis d'empêcher leur imagination de fe plonger long-temps dans de pareils égaremens, car, outre que le caractere de bâtiffeur de Châteaux en Efpagne eft abfurde & ridicule, lorfque l'on ne prend pas l'habitude de fixer fes idées, on perd infenfiblement beaucoup de cette activité que l'état de notre fortune peut fouvent éxiger. On n'obtient rien par de fimples fouhaits, mais par l'ufage conftant de ſes talens, fuſſent-ils même très-ordinaires, il eſt preſque certain que l'on parvient à ſe procurer beaucoup de choſes, qui valent bien la peine d'être ambitionnées.

J'ai été induit à faire cette ſuite de réflexions en entendant il n'y a qu'un inſtant, un des Matelots de l'équipage ſouhaiter pouvoir parler la langue dans laquelle je m'entretenois avec le bon chirurgien. Ce qui me rappelle les Chevaliers Arthur & Marmaduke, deux Gentilshommes de ma connoiſſance, l'un deſquels ſouhaitoit ſouvent en ma préſence de ſavoir le Latin, & l'autre de ſavoir le Grec. Mes chers Chevaliers, leur dis-je, pourquoi au-lieu de former de vains ſouhaits comme vous l'avez fait depuis dix ans, ne vous êtes vous pas procuré la Grammaire de Port-Royal ou tel autre Livre de cette eſpece? vous auriez pû avec leur aide obtenir, une choſe que vous paroiſſez regarder l'un & l'autre comme propre à contribuer à vôtre bonheur.

Une langue n'eſt pas ſemblable au cœur d'une jeune fille, dont la poſſeſſion dépend quelquefois de nous, & ſouvent n'en dépend nullement. Quelqu'un qui déſire réellement ſavoir le Latin le Grec, l'Arabe ou l'Ethiopien parviendra ſurement à l'apprendre; s'il veut s'y appliquer, & faire ce que je fais actuellement.

Et que faites vous actuellement?

J'étudie le Portugais comme un dragon, & je m'y occupe deux ou trois heures par jour. Quinze jours ou trois semaines avant mon départ de Londres j'ai fait à peu près la même chose, & pendant toute la route de Plymouth à Falmouth je n'ai jamais manqué dans ma chaise de feuilleter un livre portugais, de sorte que si je n'entends pas le pilote qui nous entrera dans le Tage & nous conduira à Lisbonne, je m'imaginerai ressembler aux Chevaliers Arthur & Marmaduke.

Mais, Freres, je vous vois rire? De quoi riez vous?

Nous rions, Monsieur, de vôtre vanité, & de vos vanteries.

Tout doucement, Messieurs, il me paroît aussi impossible qu'à vous d'apprendre une langue en un mois. Mais quand à être en état d'entendre un pilote dans ce court espace, rappellez vous qu'il y a vingt-cinq ans que je parle Espagnol, & que le Portugais n'en est qu'un dialecte (23), je ne

___
(23) Il y a deux langues différentes, en usage, dans les Espagne, la Biscayenne & la Romance ou Espagnole. La premiere semble être la langue des anciens Espagnols, & l'on peut croire que le langage des anciens habitans du pays a été conservé dans les montagnes des pyrénées comme l'ancienne langue des Brétons s'est conservée en

crois pas même qu'il en diffère autant que le dialecte de Vénise diffère du Toscan. D'ailleurs je ne prétends point pouvoir m'ériger en Grammairien, n'y connoître toutes les finesses & toutes les beautés du Portugais. Je ne me flatte d'en savoir que ce qui me sera nécessaire pour me tirer dé-cem-

Angleterre dans les montagnes de la province de Galles, ou en Ecosse parmi les Highlanders. Cependant la langue Biscayenne n'est pas tout à fait pure, & outre les changemens inévitables que le temps peut y avoir apportés, il s'y est mêlé quelques mots latins. Quant à la langue Espagnole elle est différente selon les provinces : chaque contrée a son dialecte particulier: les Catalans ne parlent pas comme les Galiciens, & ceux-ci diffèrent des Portugais. En général la langue Espagnole comme l'Italienne & la Françoise, est une corruption de la langue latine, mais mêlée d'une infinité de mots Arabes qu'ils ont retenus des Maures. Un mauvais plaisant a dit que si l'on ôtoit les *os* & les *as* de la langue Espagnole, il ne lui resteroit que pour siffler & bailler; mais cela est faux; cette langue est belle, noble, riche, & très-propre à exprimer de grands sentimens; elle ne manque pas de douceur, mais elle ne descend pas à l'afféterie de la langue Italienne. On parle à la cour d'Espagne & de Portugal un langage concis & particulier aux gens bien élevés, & qui, plein de métaphores hardies, passeroit pour dur ou gigantesque dans tout autre pays. Le dialecte Castillan est celui en usage à la cour & parmi les auteurs. La langue Portugaise diffère du Castillan en ce qu'elle s'éloigne un peu plus du Latin & semble emprunter quelque chose du François.

cemment d'affaire pendant mon féjour en Portugal : ainfi vous voyez que mon affurance rélativement au pilote, n'eft point auffi mal fondée que vous vous l'imaginez.

Je ne veux point laiffer paffer cette occafion fans vous dire, qu'il y a une méthode infaillible pour procurer à votre petit garçon la facilité de prononcer toutes fortes de langues, fuppofé que vous foiez dans l'intention de lui en faire apprendre plus d'une. Ecoutez-moi attentivement, & je vous dirai comment vous y parviendrez.

Nos gens en place, à Turin, fe font imaginés, que leurs enfans ne devoient jamais parler d'autre Piémontois que celui dont on fait ufage dans la Capitale, en conféquence de cette idée ils ont continuellement la vue fur ces pauvres petits innocens de crainte qu'ils ne prennent l'accent groffier de ceux qui habitent l'autre côté du Po.

Cette pratique eft abufive, & je fouhaite que vous ne l'adoptiez jamais. Que votre enfant apprenne le langage poli de votre Ville ; mais qu'il apprenne auffi celui des payfans ; encouragez-le même à les imiter. En lui faifant apprendre deux langues au lieu d'une ; vous le rendrez capable d'articuler plus de fons qu'il n'en articuleroit s'il n'en apprenoit qu'une. Et s'il eft en votre pouvoir, je voudrois même que

E 5

vous le fissiez changer souvent d'habitation tandis que ses organes se trouvent encore souples & faciles, & que vous l'engageassiez à contrefaire l'accent le plus grossier du Piémont ou du Monferrat. Conduisez le encore souvent à la Comédie, & faites lui remarquer les différens dialectes Italiens que parlent les personnages de la piece; & répéter autant de leurs absurdités qu'il pourra en retenir. Rien ne gâtera jamais la politesse de son Piémontois qu'il entendra toujours parler chez lui; & cependant il se mettra en état de former un nombre infini de sons, pourvû que vous lui en fournissiez les moyens, en suivant la route que je vous indique.

On trouve plusieurs Italiens à Paris & à Londres, qui parviennent à parler François & Anglois & à les prononcer si parfaitement qu'on les prend souvent pour des gens du pays. En voici la raison.

L'Italie est plus abondante en différens dialectes qu'aucun autre pays de la même étendue, & il y a très-peu de ses habitans qui n'en sachent plusieurs dont ils se procurent la connoissance soit en voyageant d'un lieu à un autre, soit en assistant à ces Comédies dans lesquelles chaque interlocuteur parle le langage de sa Ville.

D'un autre côté de cent François de

marque à peine en trouverez vous un feul en état de prononcer comme il faut une langue étrangere; même après l'avoir long-temps étudiée, & être parvenu à la favoir parfaitement. On ne peut affigner d'autre raifon de cette difficulté que la peur que fa mere a eue dans fon enfance qu'il n'eût le malheur de former des fons qui aprochaffent de l'accent des poiffardes ou des badauts; & le foin qu'elle a pris de le reprimander toutes les fois que cela lui eft arrivé, auffi féverement que s'il eut commis un grand crime. De cette façon il a conservé une langue intraitable qui ne rend jamais d'autres fons que ceux qui conviennent à la prononciation du François le plus pur.

Mais, Monfieur, montez fur le pont, & vous verrez le Roc. Le Roc je m'imagine que c'eft une partie de la côte de Portugal; ainfi adieu, je fuis preffé.

LETTRE XVIII.

Navigation terminée. Baptiste & Kelly. Plongé ou payez. Bords du Tage.

Lisbonne 30 Août 1760. *sur le minuit.*

Voyez la datte de cette lettre, & félicitez moi, nous sommes débarqué ce soir sur les huit heures. J'ai été enchanté d'être débarrassé de mon habitation flotante; & cependant fâché de quitter le Capitaine, le Lieutenant & le bon Chirurgien. Ils en ont bien usé avec moi, & je me souviendrai d'eux tant que je vivrai.

Eh bien! me voici à terre; & voilà la fin de ma navigation, ce qui m'a paru singulier c'est qu'en mettant le pied sur le rivage je n'ai pas pu me tenir sur mes jambes; j'ai chancelé comme un homme ivre: cette difficulté que j'avois à me tenir droit, & à marcher d'un pas ferme n'étoit point l'effet d'aucun vertige. Je ne saurois dire ce que c'étoit; il me sembloit que la terre étoit mobile comme un vaisseau: cependant dans le paquebot je pouvois me tenir

LONDRES A GÊNES.

sur mes jambes & marcher à ce qu'il me paroissoit sans vaciller. Ainsi hors d'état en mettant pied à terre de faire usage de mes jambes, je fus obligé de prendre un homme qui me donna le bras pendant près d'un mille & me conduisit dans un Caffé : à mesure que j'avançois mon sang se calmoit, & en moins de deux heures je me trouvai dans mon état naturel.

Du caffé j'ai envoyé mon conducteur s'informer d'un certain Baptiste, fidele Laquais François, qui m'avoit autrefois servi à Londres. Il n'a pas tardé à le découvrir ; & celui-ci ayant appris mon arrivée imprévue, a quitté sur le champ son soupé, & m'est venu trouver tout hors d'haleine à force de courir ; sa figure, marquoit sa joie & son étonnement.

Ce Baptiste m'a conduit chez un nommé Kelly, un vieux Irlandois, qui tient une espece d'hotellerie au sommet d'un monticule nommé *Buenos aires* j'étois très-fatigué en y arrivant. J'y ai établi mon camp pour tout le temps que j'ai à rester à Lisbonne ; je reviens à présent à la conclusion de mon Voyage.

Il étoit environ dix heures du matin lorsque nos gens eurent la vue distincte du *Roc de Lisbonne* ; c'est-à-dire d'un promontoire très-élevé situé à main gauche l'entrée du Tage, & peu éloigné de son embouchure (24).

(24) La terre s'avance dans l'océan bien loin au delà de l'embouchure du Tage & forme un promontoire avancé que les anciens ont appellé *promontorium lunæ* ou *Olisiponense* & les modernes *Cabo de Rocca*. Ce promontoire est un rameau d'une montagne fort élevée qui se présente de très-loin aux vaisseaux qui voguent sur ces parages: à l'un des cotés de cette montagne est une petite ville qui porte le nom de *Cintra* à sept lieues de Lisbonne. Au sommet de la montagne on voit un monastere de Religieux hiéronimites dont l'église est taillée dans le roc; auprès est une hotellerie également taillée dans le roc: cet endroit présente un des plus beaux points de vue qui soient au monde, au bas le vaste océan à droite le majestueux fleuve du Tage, à gauche & par derriere les campagnes les plus riantes & les plus variées. Au pied de la montagne étoit anciennement un temple dedié au soleil & à la lune, on en voit encore les ruines qui annoncent la magnificence. Au côté de cette montagne, qui regarde l'océan est un petit village nommé Collarès, auprès duquel se trouve une grotte ancienne & fort longue au pied d'un rocher battu des flots & dans laquelle on dit avoir vu des Tritons ou hommes marins jouant du Cornet, comme les habitans du Lisbonne le firent sçavoir autrefois à Tibere dans une ambassade qu'ils lui envoyerent à ce sujet. Entre ce village & la montagne est la vallée de Collarès la plus délicieuse peut-être & la plus fertile de l'Europe, elle est longue d'une lieue & est tellement cultivée quelle nourit presque toute la Ville de Lisbonne par les bleds les fruits les légumes & le vin qu'on y transporte.

Plus loin au dessus de Cascaès, petit bourg assez agréable, le Tage se jette dans l'océan. Son embouchure est

Ce promontoire paroît tout à fait stérile, & a l'apparence d'un énorme amas de pierres brutes : on m'a pourtant assuré qu'au haut & au bas, il y avoit plusieurs endroits cultivés ; que dans la partie inférieure, il y a des vignes ; qu'en d'autres il se trouvoit couvert d'arbres, & qu'il s'y rencontroit même quelques plaines qui fournissoient des paturages.

On m'a de plus assuré, qu'il y avoit à l'endroit le plus élevé un couvent taillé dans le Roc, désigné par le sobriquet de *Couvent de liége*, nom que lui donnent les matelots, rélativement à la matiere qui compose la plupart des meubles & des ustenciles dont les moines qui l'habitent se servent ; à cause de l'humidité qui ne leur permet pas d'en avoir d'autres. En un mot

barassée de bancs de sable & de rochers, est fort dangereuse ; on est obligé de prendre des pilotes côtiers pour se dégager de ces especes de détroits que l'on appelle des *passes*. Chacune de ces passes est gardée par un fort, de sorte qu'il n'est pas possible à aucun vaisseau d'éviter le canon de l'un ou l'autre de ces forts. Depuis cet endroit jusqu'à Lisbonne, suivant, les bords du Tage, on voit six à sept places qui méritent d'être remarquées, sçavoir Cascaës, Saint Antoine, Cabecca-Secca, Saint Julien, Bellem, Alcantara. Dans cette derniere qui est à un quart de lieue de Lisbonne il y a un palais royal assez magnifique & fort agréable par sa situation sur la rive du Tage. Il est orné de jardins superbes & délicieux.

on m'a dit des choses si extraordinaires au sujet de ce roc, de sa forme & de la situation du Couvent que j'ai quelque envie d'y aller & de le voir. Mais j'y penserai dans un autre temps; continuons l'histoire intéressante du jour.

Lorsque l'on eût une vue bien claire du roc, on m'appella sur le pont. Alors un matelot se tenant debout devant moi, m'informa d'un ton poli & effronté en même temps, que les marins étoient dans l'usage de plonger dans la mer tous ceux qui voyoient le roc pour la premiere fois; & que comme je me trouvois dans le cas, il me supplioit de me conformer à cet usage en me deshabillant sur le champ, à moins que je ne préférasse d'être plongé avec mes habits sur le corps.

Ce discours inattendu m'étonna peu, persuadé comme je l'étois, qu'il ne tendoit qu'à m'engager à donner quelqu'argent pour boire, à l'équipage. Cependant, voulant me prêter à la plaisanterie, j'affectai un air aussi sérieux & aussi refrogné qu'il me fut possible, & parlant distinctement & à haute voix afin que tout le monde m'entendit. ,, Monsieur, lui dis-je,
,, vous & vos Camarades vous êtes bien
,, les maîtres de me noyer si vous le jugez
,, à propos; vous sentez, Monsieur, que

„ je ne suis pas assez sot pour prétendre
„ faire la moindre résistance contre un
„ corps capable de noyer, s'il étoit néces-
„ saire, toute une armée Françoise. Quand
„ à la cérémonie dont il est question, je
„ n'aurois certainement aucune objection à
„ vous proposer pour m'en dispenser si l'o-
„ céan étoit un océan de Bierre de d'Or-
„ chester, ou de *Porter* (25) de Londres :
„ mais comme il se trouve malheureuse-
„ ment composé d'une liqueur pour la-
„ quelle j'ai toujours conservé une antipa-
„ thie invincible ; j'aimerois mieux arranger
„ l'affaire, & si quelqu'un de vos Mes-
„ sieurs, vous même, par exemple, daig-
„ niez avoir la générosité de vous faire
„ plonger ou noyer à ma place, je tache-
„ rois de vous convaincre, vous & cette
„ honorable assemblée, que mon plus grand
„ vice n'est pas l'ingratitude."

„ Monsieur, répondit le matelot, don-
„ nez moi la main, car vous êtes un gentil-
„ homme, oui, Monsieur, si je puis vous
„ être utile (ici il intercalla un gros jure-
„ ment) vous pouvez disposer de moi ;

(25) La bierre de d'Orchester est renommée : le *Porter*
est une autre espece de bierre qui se brasse à Londres,
elle est plus forte : *porter* signifie crocheteur, comme qui
diroit bierre de crocheteur, ce qui n'empêche pas que
tout le monde n'en boive.

,, & je ne fais aucune difficulté (autre ju-
,, rement) d'être plongé tant qu'on voudra
,, pour obliger un gentilhomme."

Pour conclusion, il se deshabilla en un instant, ne conservant que ses chausses de matelot: ses camarades le mirent dans une machine de bois qui prenoit sous les aisselles & entouroit sa poitrine. La Machine fut liée à une poulie, laquelle fut attachée à l'extrêmité d'une poûtre qui étoit posée en travers à la tête du mât; on l'éleva en l'air, ensuite on lâcha la corde, & mon drole tomba tout à coup au moins de vingt-cinq pieds de haut au milieu d'une vague; ce jeu fut répété plusieurs fois malgré ses cris, à la grande satisfaction de l'assistance.

Le drôle ayant été tiré de la machine, revint à moi, & mouillé comme il l'étoit voulut m'embrasser en qualité de frere matelot qui avoit duement vu le roc; mais une piece d'argent que je lui donnai me sauva de ses caresses.

Comme nous approchions de l'embouchure du Tage; nous fîmes signe à un pêcheur de venir à nous pour nous servir de pilote: non que nous en eussions besoin, nos gens connoissoient aussi bien l'entrée de cette riviere qu'aucun Portugais. Mais les Capitaines des paquebots sont obligés de suivre leurs instructions, par lesquelles il leur eſt expreſſement défendu d'entrer dans le Tage avant que de s'être munis d'un Pilote. Celui que nous nous ſommes procuré eſt un mulâtre; il reſſemble ſi fort à un ſinge qu'à peine puis-je me figurer qu'il ſoit de l'eſpece humaine. Il eſt venu ſur le champ à nous & a ſauté de ſon petit bâteau à notre bord; lorſque nous avons paſſé la barre il a fait mille grimaces & autant de contorſions pour nous convaincre de ſon habileté à entrer des vaiſſeaux, faiſant ſigne (en enflant ſes levres & murmurant ſans rien prononcer,) à quelques-uns de nos matelots qui étoient dans ſon bateau de ramer du coté qu'il leur indiquoit, afin que nous puſſions les ſuivre en ſureté.

En montant ainſi la riviere, j'éxaminai la rive gauche de ce fleuve; outre un grand nombre d'édifices elle eſt défendue d'eſpace en eſpace par diverſes fortifications. Nous nous arrêtames un moment vis à vis d'une tour ſituée au milieu de la riviere, pour entendre ce qu'un drole qui y étoit en faction avoit à nous dire par le moyen de ſon porte-voix. Cette tour eſt bien fortifiée, & a de loin aſſez d'apparence. Ayant répondu auſſi haut que nous pûmes au petit nombre de queſtions qu'on nous fit, & dit qui nous étions, nous continuames nôtre route, & découvrîmes peu après le village Royal de Bellem où l'on m'assura que le Roi avoit toujours résidé, depuis le tremblement de terre (26).

(26) Bellem ou Bethléem, est le nom d'un bourg, d'un monastere, & d'un fort. Le monastere a existé le premier, & a donné le nom à tout le reste. Le Roi Emmanuel le fonda vers le commencement du XVI siecle, pour rendre éternelle la mémoire de Dom Vasques de Gama qui après un voyage de plus de deux ans, revint à Lisbonne chargé des richesses de l'orient. Ce monastere est dedié à la Ste. Vierge sous le titre de la Ville où J. C. prit naissance. L'église & le cloître sont deux bâtimens vraiment dignes d'un Roi. La chapelle du grand autel est d'un ordre dorique à neuf faces, garnie de colomnes de marbre magnifique, la voute, les côtés & tout le pavé sont de jaspe & de marbre blanc & noir. Le Roi Emmanuel destina cette église à être le mausolée des Rois & de la maison royale. On y voit un grand nombre de tombeaux supportés par des élephants & ornés de carreaux & de couronnes: le cloître est occupé par des Hiéronimites, il est grand & peut contenir jusqu'à deux cents Religieux. Emmanuel qui avoit commencé cet ouvrage l'avoit porté presque à sa perfection, mais la mort l'ayant surpris avant qu'il fût achevé, il laissa ce soin à son fils Jean III qui s'est acquita dignement.

On voit dans le même lieu un Hôtel Royal destiné pour les pauvres gentilshommes. On y entretient tous ceux qui ayant employé leur jeunesse au service n'ont pas dequoi subsister dans leur vieillesse. Ils trouvent là une retraite honorable, où ils sont logés & nouris fort proprement. Lorsqu'ils entrent dans cette maison, on leur donne l'habit de l'ordre de Christ qui est le plus noble de tous les ordres militaires Portugais.

Je n'imaginois pas rencontrer un si grand nombre d'édifices dans le voisinage d'une Ville récemment détruite; mais le Chirurgien me dit que le tremblement de terre avoit principalement exercé sa furie sur Lisbonne, & n'avoit fait que peu de mal depuis Bellem jusqu'à la mer. Si ce grand nombre d'édifices avoit été détruit, cette perte auroit totalement ruiné les milliers d'habitans établis le long de ce rivage, ce qui auroit encore ajouté aux calamités dont la Capitale a été la proie. Ces édifices dont quelques-uns paroissent très-bien construits, sont tous blancs en dehors, avec des jalousies, & des volets peints en verd; vus de la riviere ils produisent un bel effet. Plusieurs de ces maisons ont leurs jardins & leurs terrasses, ornés de vases, de statues, de tourillons, d'obélisques; & sur-

Le monastere de Bellem est construit sur le bord de l'eau vis à vis de cet édifice on voit au milieu de la riviere une grosse tour quarrée batie sur des pilotis avec une plate-forme avancée bordée d'un parapet. Cette tour est regardée comme la citadelle de Lisbonne, parce que tous les vaisseaux qui vont ou viennent sont obligés de saluer en passant, & de montrer leurs commissions ou billets de congé. La place d'armes est fortifiée de parapets garnis d'Artillerie: c'est dans cette place que sont les cazernes pour les soldats, les logemens du bas servent de magazins, & les plus hauts servent à renfermer les prisonniers d'état: cette tour a été aussi commencée par Emmanuel & finie par Jean III.

tout d'une si grande quantité d'arbres; qu'ils produisent le coup d'œil le plus magnifique & le plus pittoresque. A l'exception de Gênes & de ses fauxbourgs je n'ai encore rien vu qui fût comparable à ce spectacle.

Je m'imagine que tous ces objets sont moins frappans lorsqu'on les examine de près en se promenant le long du rivage; parce que la vue ne sauroit en embrasser un si grand nombre à la fois, ainsi que cela lui est facile d'une plus grande distance, ni distinguer les plus difformes: tandis que le tout contemplé du milieu du fleuve paroît l'ouvrage de quelque génie bienfaisant.

Le Tage a environ deux mille de large à son embouchure, mais il s'élargit graduellement à mesure que l'on avance, & parvient à avoir neuf à dix mille de large devant la Ville. Lisbonne est éloignée d'environ quinze mille de son embouchure; mais comme il étoit tout à fait nuit lorsque j'y arrivai, je n'ai pu la voir. Demain je commencerai mes courses, & j'espere qu'elles me fourniront matiere pour plusieurs lettres.

Permettez à présent que je jette les yeux sur ma nouvelle habitation. Elle consiste en quatre petites chambres qui se suivent & sont au rez de chaussée: elles composent à peu près toute la maison qui est du nombre de celles qui ont été bâties depuis le tremblement de terre. Pour lui même, sa femme & ses enfans, il ne reste à mon hôte Kelly que deux petites chambres & une cuisine. Il m'assure que demain matin je découvrirai d'une des fenêtres la riviere chargée de vaisseaux, & que les autres me présenteront des points de vue tout aussi agréables.

LETTRE XIX.

Mariage de la charmante Polly. Combat de Taureaux à Campo-pequeno. Filoux Portugais. Nains des deux sexes.

Lisbonne 31 *Août* 1760.

C'est aujourd'hui Dimanche, comment pensez-vous que j'aie passé mon après dinée? Je vous le dirai bientôt. Laissez moi d'abord vous parler de la matinée.

Je me suis levé sur les neuf heures, & tandis que j'étois occupé à me régaler d'excellens raisins. J'ai vu Baptiste monté sur un très-beau cheval espagnol, il a mis pied à terre, & sa femme est arrivée un instant après dans une chaise tirée par deux mules, & conduite par un Negre comparable au Roi Jarba de la Didon de Métastase. Ah! comment vous portez-vous ma chere Polly? je l'ai embrassée sans façon à la face du soleil, oubliant parfaitement que je me trouvois en Portugal, où l'on ne doit point embrasser les femmes à la face du soleil. Mais l'on est si aise de retrouver d'anciens amis!

Ce fut à Londres que je fis connoissance avec cette Polly; c'étoit une jeune fille sage & jolie. Baptiste me quitta pour la suivre en Portugal où elle fut vivre avec une vieille tante dont elle étoit l'héritiere, & cet héritage n'étoit point à mépriser pour une fille qui ne possédoit pour tout bien qu'une jolie figure, & qui n'avoit nulle envie d'en tirer parti. Le drole l'aimoit à la folie, & elle ne le haïssoit pas; mais la tante avoit un peu d'humeur & ne vouloit pas que sa niece, qui avoit à peine atteint sa quinzieme année, se mariât sitôt. Le tremblement de terre, fut cause qu'il devint son mari au moment où il s'y attendoit le moins, & d'une maniere si singuliere, que je ne saurois m'empêcher de vous le raconter: n'allez pas me dire qu'il est ridicule à un Maître d'être l'historiographe de son domestique: selon moi un domestique fidele est un héros

héros tout aussi convenable qu'aucun autre mortel.

Baptiste étoit sorti de la Ville le matin du jour que le tremblement de terre arriva. Voyant les maisons s'écrouler de tous côtés, au lieu de rester où il se trouvoit, ainsi que quelqu'autre amant auroit pu faire ; il retourna sans perte de temps à Lisbonne, & fut sans s'arrêter au lieu que sa maîtresse habitoit ; il eut le bonheur de l'appercevoir sur un tas de ruines où elle étoit tombée en foiblesse au moment où elle cherchoit à s'échapper. S'il avoit tardé quelques instans de plus, elle auroit sûrement péri dans les flammes dont elle étoit environnée. Sans se donner le temps d'éxaminer si elle étoit morte ou vive ; il la changea sur ses épaules, & la fortune lui fut si favorable qu'il emporta heureusement son fardeau hors de la Ville ; malgré la chûte des maisons qui continuoient à tomber à ses côtés, & quoiqu'environné de flammes.

Quand ils furent hors de danger la pauvre fille reprit connoissance. Ils contemplerent tous deux avec effroi l'affreuse désolation qu'ils laissoient derriere eux, ils gémirent, & pleurerent, sans savoir quel parti prendre, les maisons ne cessoient de tomber, l'incendie s'étendoit par tout, ce qui leur fit penser que la pauvre tante étoit enterrée sous les décombres. Ils cherchèrent avec empressement à s'éloigner de ce théâtre d'horreur, & résolurent de profiter de la premiere occasion pour retourner en Angleterre. Ils avoient par bonheur l'un & l'autre quelque argent sur eux; en conséquence ne sachant trop ce qu'ils faisoient, ils prirent la route d'Espagne. Ils trouverent quelques personnes charitables à Badajox, à Madrid, & ailleurs qui les secoururent; ces secours ne furent pas bien considérables ce ne fut que quinze mois après le tremblement de terre qu'ils purent se rendre à Londres, & ils y arriverent en assez mauvais équipage.

Lorsqu'ils m'y vinrent voir, Polly tenoit une petite fille entre ses bras qui n'avoit qu'environ trois mois; ils s'étoient mariés en France peu de temps avant la naissance de cet enfant, ainsi que j'en fus instruit par l'acte de célébration qu'ils me montrerent. Polly, Polly, dis-je après l'avoir lu. Vous voilà donc mariée? Qu'aurois-je fait? (répondit-elle en rougissant) Monsieur, nous étions seuls & il m'assura si positivement qu'il seroit constant. Ici elle se mit a pleurer & baisa son enfant; je l'embrassai à mon tour pour la rassurer, & pour qu'elle ne me crût pas un censeur trop austere.

Je m'imaginai en les voyant pour la première fois que c'étoit un rêve, la vieille tante ayant écrit de Lisbonne long-temps avant leur arrivée à quelques uns de ses parens qu'ils avoient tous deux péris dans le tremblement de terre. Je le leur dis, & ils eurent soin de lui écrire qu'il n'en étoit rien. La pauvre vieille fut transportée de joie & de reconnoissance en apprenant cette heureuse nouvelle, & les invita à revenir auprès d'elle, en les instruisant qu'elle avoit été assez heureuse pour sauver quelques débris de sa fortune ; ils se rendirent à ses prieres. Mais elle ne jouit pas long-temps de leur compagnie, car elle mourut peu après leur arrivée, & leur laissant une centaine de moidors qui étoit tout ce qu'elle possédoit. Avec ce modique capital, Baptiste devint une espece de factotum, & Polly vécut du travail de ses mains. Il me parut que le jouissance n'avoit point diminué leurs feux ; leur enfant augmentoit encore leur bonheur ; comme ils sont tous deux industrieux & laborieux, je suis persuadé que leur situation deviendra tous les jours meilleure.

Je demandai à Baptiste, ce que signifioit cette chaise & ce cheval ?

Monsieur, me répondit-il, ils sont pour

votre usage. Vous ne sauriez aller à pied dans cette Ville, à moins que vous ne vous exposiez à fondre par la grande chaleur, ou à mourir de fatigue à force de monter & de descendre. Il vous faut une chaise pendant vôtre séjour ici, & je vous suivrai à cheval.

Eh bien, répartis-je, vous êtes plus au fait que moi de ce que je dois faire à Lisbonne ; ainsi nous garderons la chaise & le cheval.

Après diné je montai dans la voiture, suivi de Baptiste en la maniere que je viens de dire, & le Negre me conduisit au trot dans un endroit (nommé *Campo pequeno* qui est à environ quatre milles (peut-être à cinq ou six) de la Ville, où je devois voir ce que les Portugais nomment Fête, ou chasse des Taureaux : mais avant de m'hazarder à la décrire, je dois vous prévenir, que venant de quitter un pays où le jour du Seigneur n'est point publiquement prophané, je ne pus m'empêcher d'être choqué de voir un si grand nombre de Chrétiens, sur-tout tant de prêtres & de moines assister à un pareil spectacle ; qui me parut surpasser en cruauté, tous ceux qui ont jamais été inventés, à l'exception des combats de gladiateurs de l'ancienne Rome.

On a élevé un édifice en bois à *Campo pequeno* qui ne sert qu'à la représentation de ces spectacles barbares. Il consiste en un Amphithéatre octogone garni de deux rangs de loges l'un sur l'autre, le diametre de l'arêne peut avoir à ce qu'il m'a paru environ deux cents pas ordinaires.

Aucune des loges n'est décorée, excepté celles de la Famille Royale, meublées en étoffes de soie, le rang de loges le plus élevé est pour les spectateurs les plus distingués, & le plus bas qui est au rez de chauffée est pour le petit peuple, que l'on admet aussi dans l'arêne, quoiqu'il y coure risque de recevoir des coups de corne, ou d'être foulé aux pieds par les taureaux dont les marches & les évolutions me paroissent pour le moins aussi rapides que celles des troupes Prussiennes.

Il n'y avoit dans la loge où je me plaçai que trois personnes quoiqu'elle pût en contenir dix à douze. Deux de mes trois compagnons me parurent être gens de distinction, le troisième étoit un Dominicain qui n'avoit que la peau & les os.

Avant que le spectacle commençât, je cherchai à lier conversation avec eux: l'humble Religieux lui même parut me regarder avec mépris. Ils répondirent tous aux premiers mots que je leur adressai, d'un air si impoli, que je renonçai sur le champ à toute espece de conversation, & gardai un profond silence.

Je ne saurois m'imaginer ce qui a pu leur donner au premier coup d'œil un si grand éloignement pour moi ; mais les regards continuels qu'ils jeterent sur mon habit, firent que je pris à la fin le parti d'approcher, non sans affectation, très près du moine pour qu'il pût l'éxaminer tout à son aise, je soupçonnai qu'ils avoient conçu une idée très-désavantageuse de ma personne parce que je n'étois pas habillé de soie comme le sont tous les gens de marque, en Portugal. Ce n'étoit cependant pas ma faute, n'ayant pas encore eu le temps de me faire habiller convenablement au climat.

Le Roi, dont la loge n'étoit pas fort éloignée de celle où je me trouvois, étoit vêtu d'un habit de soie uni, bleu céleste, & avoit quelques diamants. Il avoit avec lui son frere l'Infant Don Pedro, marié depuis peu avec la Princesse de Brésil sa niece, fille aînée du Monarque.

La Reine étoit dans une autre loge avec cette Princesse, & ses autres filles ; elles étoient couvertes de Diamants.

Dans l'arêne, & précisément sous la loge de la Reine se trouvoit un homme à cheval, qui me parut une façon de Hérault; son habillement reſſembloit à celui du Covielle Napolitain de nos Comédies, il tenoit une longue baguette à la main.

En même temps que le Roi entra, deux chars de triomphe très-chétivement décorés parurent dans l'arêne, tirés chacun par ſix mules; huit Africains noirs étoient dans l'un, & huit Indiens couleur de cuivre étoient dans l'autre. Ils firent pluſieurs caracoles enſuite ſauterent tous en bas des chars: les deux troupes combattirent longtemps & courageuſement l'une contre l'autre avec des ſabres de bois. Les Indiens furent à la fin défaits par les Africains, & reſterent quelque temps étendus ſur l'arêne, remuant les jambes & faiſant toutes les contorſions de gens à l'agonie & ſe roulant ſur le ſable. Alors ſemblables aux Troupes de Baye dans la répétition (27), tant les morts que les vivans furent ſe mêler parmi la foule, & les chars partirent aux acclamations de la populace, & firent place

---

(27) Repriſe, *Rehearſal*, Comédie du Duc de Buckingham, repréſentée en 1671. c'eſt une critique amere des pieces qu'on repréſentoit alors à Londres. Sous le nom de *Bay* qui ſignifie Laurier, l'auteur avoit en vue le célebre Jean Dryden qui étoit poëte *Laureat*, ou poëte de la Cour.

aux deux Chevaliers qui devoient combattre les Taureaux.

Ces Chevaliers entrerent, tous deux à cheval, vêtus à l'ancienne mode Espagnole: leurs habits étoient ornés de rubans de différentes couleurs, leurs chapeaux étoient garnis de plumes, chacun d'eux tenoit à la main une lance longue & mince; leurs chevaux étoient beaux, pleins de feu, & galamment ajustés. L'un de ces deux héros étoit vêtu d'un habit Cramoisi, & l'autre d'un habit jaune. Ils paroissoient tous deux très-vigoureux, ils saluerent le Roi, la Reine, & les spectateurs; leurs chevaux firent chacun trois courbettes, ensuite leur donnant de l'éperon, ils cabriolerent quelque temps autour de l'arêne avec une dextérité surprenante (28).

Quand

(28) Pour avoir l'honneur de combattre les taureaux à cheval, il faut être gentil-homme & connu pour tel, les Roturiers ne peuvent les combattre qu'à pied. Le Roi donne la clef du Toril à son premier ministre & celui-ci la jette à un des gardes qui va ouvrir la porte & faire sortir le taureau. On tient une échelle dressée derriere la porte, & celui qui l'ouvre monte rapidement sur le toit pour sauver sa vie, car l'animal a cet instinct de chercher souvent son homme derriere la porte pour le tuer s'il l'atrape. L'adresse de ce duel consiste à savoir porter la lance si adroitement sur le taureau que le fer reste piqué dans sa chair, & le tronçon demeure dans la main du cavalier. La maniere

Quand tout cela fut fini, le Champion jaune se plaça vis à vis de la porte par laquelle les taureaux devoient entrer, & le Cramoisi se plaça à quelque distance de lui sur la même ligne. Un homme qui étoit en dedans ouvrit la porte, & pour ne courir aucun risque se mit en sureté derriere.

Le Taureau sortit & s'en fut tout droit au Chevalier jaune, qui étoit prêt à le recevoir avec sa lance en arrêt. Les cornes du taureau étoient garnies de pommeaux de bois aux extrêmités, afin quelles ne perçassent pas le cheval si elles venoient à le rencontrer. Le courageux Chevalier

niere de le combattre avec succès est d'aller au pas du cheval au devant de lui, & après le coup porté, de piquer incessamment des deux pour passer derriere parce que l'animal ne se tourne point. Lorsqu'ils le combattent avec l'épée, ils font paroître leur adresse à la lui enfoncer sur le front entre les deux cornes; c'est un coup mortel & la bête tombe à l'instant par terre. Lorsqu'un Cavalier a fait un pareil coup, on entend par-tout les acclamations de *Vitor Vitor* & l'on décerne le prix au vainqueur, mais tout cela ne se passe pas sans qu'il y ait toujours quelqu'un de tué, & le moins qui arrive est la perte de quelques chevaux. Dès que le taureau est tué, la Canaille y accourt, & le déchire de mille coups d'épée. Les gardes le font emporter hors des barrieres sur des mules fort richement enharnachées, auxquelles on l'attache avec des cordons de soie.

F 5

jaune poussa sa lance contre le taureau, en laissa la moitié dans son cou, & le cheval se jetta promptement de côté. Le taureau blessé courut en mugissant après lui, mais le Cavalier tournant tout autour de lui, lui planta deux ou trois autres lances tant dans le cou que dans les épaules. La rage du taureau, ainsi que vous pouvez vous l'imaginer, s'accrut à un tel point qu'elle faisoit horreur. Ce fut alors le tour du Cavalier ponceau ; l'animal fut à lui ; mais ne gagna autre chose en changeant d'ennemi, que quelques lances de plus qu'il lui enfonça dans différentes parties du corps, de sorte que son sang jaillissoit de tous côtés.

Lorsque l'animal commença à se rallentir par la perte de son sang, l'un des Champions tira un large sabre, & lui en donna un si furieux coup sur le dos entre les côtes, qu'il le coupa presque en deux : à ce coup la pauvre bête tomba en poussant un si affreux mugissement que j'imagine qu'on l'entendit à Lisbonne. Alors l'homme en habit de Covielle, voyant que le combat étoit fini, gallopa sans délai du côté de la porte par laquelle les chars de triomphe étoient entrés, & fit venir quatre mulles qui trainerent la bête expirante hors de l'amphithéâtre ; avec quelques gens de la populace qui s'étoient mis à cheval sur cette carcasse sanglante & défigurée. Les applaudissemens des spectateurs furent très-bruyants.

Je ne dois pas oublier, cependant, de dire, que les deux Chevaliers ne furent pas les seuls ennemis que le malheureux taureau eut à combattre. Il y avoit encore deux autres Cavaliers à pied, qui tenoient la queue des deux chevaux, galopant quand ces bêtes galopoient, ou s'arrêtant quand elles s'arrêtoient, chacun d'eux remuant un manteau de soie rouge pour épouvanter, ou plutôt irriter le taureau; tandis que d'autres aussi à pied, le blessoient légérement aux côtes & au derriere avec des poignards.

L'agilité de ces champions pédestres est incroyable. Lorsque l'animal furieux cherchoit à s'élancer sur l'un d'eux, ils sautoient de côté, & se trouvoient hors de péril. Un entr'autres ayant saisi une des cornes du taureau, se laissa traîner quelque temps avant que de lâcher prise, lui fit plusieurs blessures avec son couteau de la main qu'il avoit libre; après quoi il se laissa tomber, se releva sur le champ & s'échapa (29).

(29) De ceux qui combattent à pied, les uns tiennent une espece de demi-pique dont le bois est épais & fort, d'autres de petits poignards ils se postent souvent à la rencontre du taureau,

Mais un petit Négre fut encore plus téméraire ; il fe jetta à la traverfe du taureau, au moment qu'il s'élançoit avec le plus de furie, & lorfque que je m'imaginois que l'animal alloit le jetter en l'air avec fes cornes, il prit fon élan, & fauta par deffus le taureau.

Il y eut dix-huit de ces animaux tués à cette fête ou chaffe, & la mort de chacun d'eux fut accompagnée de quelque cruauté particuliere, on enfonça dans le corps de quelques-uns des lances garnies de fufées & de pétards, dont le feu & le bruit les inquiétoient d'avantage que les bleffures. L'un des plus fiers franchit la barriere d'une loge précifement fous la mienne ; je m'attendois qu'il feroit quelque ravage ; mais les Portugais font accoutumés à de pareils accidents ; & les gens qui l'occupoient l'abandonnerent promptement, quelques-uns fe jetterent par deffus la barriere dans l'arène, & d'autres pafferent au travers des barreaux qui les féparoient des autres loges où ils fe réfugierent ; le Taureau s'étant

---

un genou en terre, & quand ils ont frappé leur coup ils fe couchent promptement ou lui jettent leur manteau à la tête pour l'embaraffer & avoir le temps de s'efquiver d'autres font affez hardis pour lui planter un poignard entre les cornes dans le temps qu'il paffe à côté d'eux. On en voit qui font affez leftes pour lui fauter fur le dos, & s'y tenir en le prenant par les cornes malgré toute fa furie.

embarrassé dans les bancs fut bientôt expédié à coups de sabres.

Cependant, le dernier de ces animaux pensa venger ceux qui l'avoient précédé; il s'en fallut de peu qu'il n'en coutât la vie au Chevalier cramoisi & à son cheval. Il les renversa tous deux d'un terrible coup, & sans les pommeaux de bois, le cheval auroit été pour le moins très-mal-traité. Le cheval & le Cavalier étoient bien près d'être foulés aux pieds, quand le second champion donna un grand coup de sabre au travers du col du taureau, tandis que tous les combattans de pied planterent leurs poignards, les uns dans ses naseaux, les autres dans ses yeux. Le cheval se réleva, s'enfuit tout effrayé au grand galop au milieu de la foule de peuple, dont il renversa plusieurs: tandis que son infortuné Cavalier, qui étoit assez mal accommodé de sa chûte, juroit & maudissoit le cheval, le taureau, & lui même.

Ainsi finit le massacre de ces nobles animaux: cette boucherie tant qu'elle dura fut encouragée par un grand tumulte; & se termina par un battement de main très-bruyant & universel (30).

—————

(30) Cette fête des taureaux, qui n'arrive pas aussi souvent à beaucoup près que l'Auteur le prétend, est une ré-

Je laisse à de plus habiles moralistes que moi à décider l'effet que ces cruels spectajouissance universelle ce ne sont que jeux & ris, & dès la veille du jour désiré, on entend de tous côtés la musique de divers instruments & ce jour est tellement consacré à la joie qu'il est permis de se faire des bouffonneries qui dans un autre temps attireroient des coups de poignard.

On va quelques jours auparavant dans les montagnes d'Andalousie, où sont les taureaux sauvages les plus furieux que l'on prend par stratagême. On fait des palissades le long des chemins de trente à quarante lieues de longeur; on y conduit des vaches dressées à ce manege qu'on nomme *mandarines*: elles s'enfoncent dans les bois; les taureaux sauvages les approchent, elles les fuient, & ceux ci les poursuivent. De cette maniere elles les attirent dans les palissades que l'on a préparées, & les conduisent jusques dans la Ville; mais il arrive quelquefois que ces taureaux se voyant dupés, veulent rebrousser chemin & retourner dans leurs forêts; pour prévenir cela des hommes bien montés & armés de demi piques les arrêtent, & les obligent de poursuivre leur route, mais cela ne se fait pas quelquefois sans qu'il y ait du sang répandu. Tandis qu'on est occupé à cette chasse, d'autres dressent une grande écurie qu'on nomme *toril* dans un endroit de la place où doit se donner le combat & on la fait assez spacieuse pour en contenir trente ou quarante. On met les taureaux dans cette écurie, & lorsqu'ils se sont assez reposés on les fait sortir les uns après les autres, & de jeunes paysans forts & robustes les prenant l'un par les cornes l'autre par la queue, les marquent d'un fer chaud à la cuisse & leur fendent les oreilles. Cela ne se fait pas non plus, sans qu'il y ait quelquefois de terribles blessures de reçues.

cles (répétés à ce que l'on m'a afluré presque tous les Dimanches) doivent produire fur les mœurs & fur la religion de ce peuple (31). Quand à moi j'avoue qu'ils ne me préfentent rien que de barbare, & de peu chrétien. Cependant ils ont la fanction des loix du pays; & le gouvernement qui les permet & les protege peut avoir des raifons pour le faire qui furpaffent mon entendement. Ainfi, loin de m'abandonner au penchant qui me porte à blâmer ce qui me paroît très-blâmable, je continuerai à vous rapporter des faits, & je vous ferai le récit d'un incident qui a fufpendu pendant près d'une demie heure le fpectacle que je viens de vous décrire.

On venoit d'achever de dépécher le feptieme ou le huitieme taureau & de l'enlever; le portier étoit prêt à en lâcher un

---

Le matin de la fête on abandonne cinq ou fix taureaux à la populace qui les court à pied la lance à la main.

(31) Si cette fête eft belle & magnifique, il faut avouer qu'elle fe reffent bien des temps barbares, & qu'elle s'accorde peu avec la douceur des mœurs chrétiennes. Les Papes ont fouvent voulu les abolir, mais les peuples d'Espagne & de Portugal s'y font oppofés fi fortement qu'on les a laiffés en repos là deffus. On a trouvé l'admirable tempéramment d'attacher pour ces jours-là des indulgences à quelques églifes, en faveur de ceux qui s'expofent au danger d'être tués.

autre, lorſque les gens des loges d'en bas oppoſées à celle où j'étois, ſe leverent tout à coup tous à la fois, pouſſerent des cris horribles & ſauterent ſur l'arêne en courant comme des fous.

Ce déſordre ſubit épouvanta l'aſſemblée: un fort petit nombre de ſpectateurs conſerva ſon ſang-froid. Tous étoient impatients de ſavoir de quoi il s'agiſſoit; cependant à peine auroit-on pu diſcerner le bruit du torrent le plus impétueux parmi les cris d'une pareille multitude. Le Roi, la Reine, les Princeſſes & Don Pedro éléverent les mains, leurs éventails, & la voix, ainſi que je l'apperçus en leur voyant ouvrir la bouche; mais il fallut bien du temps avant qu'ils puſſent avoir aucune information au ſujet d'un pareil tumulte. Cependant à la fin la curioſité générale fut ſatisfaite, & l'on apprit que du côté où le bruit avoit commencé, quelques perſonnes avoient crié *tremblement de terre! tremblement de terre!*

Dans un pays; ou l'on a encore l'idée toute récente des effets d'un tremblement de terre, il n'eſt pas ſurprenant qu'un pareil cri, qui ſe fait entendre tout à la fois de pluſieurs endroits ait inſpiré la terreur, & que ceux qui l'ont entendu aient, ſans ſe donner un inſtant pour réfléchir, ſauté par deſſus les barrieres dans l'arêne, & aient cherché à se sauver pour n'être pas écrasés par la chûte de l'édifice.

Il est cependant certain que personne n'avoit ressenti la moindre secousse de tremblement de terre; que ces cris avoient été poussez par une troupe de filoux, pour faire naître de la confusion, & se procurer l'occasion de voler tout à leur aise. Cette ruse réussit parfaitement: plusieurs hommes perdirent leurs mouchoirs, & plusieurs femmes leurs coëffures, sans parler des épées & des montres, des coliers & des pendans d'oreille.

Former un pareil projet, & l'éxecuter aussi intrépidemment qu'il le fut, me paroît un exploit aussi hardi qu'aucun de ceux entrepris par Roland. J'admirois souvent à Londres la témérité des coupeurs de bourse Anglois & je les croyois les premiers filoux de l'univers; mais j'étois bien loin de mon compte, ils auroient grand tort s'ils osoient se comparer aux filoux Portugais.

Il est inutile d'ajouter, que lorsque l'on fut informé de la cause de ce désordre, tous les spectateurs reprirent tranquillement leur place; que la plus grande partie qui n'en avoit point souffert, rit de l'invention; & qu'on lâcha un nouveau taureau dans l'arène.

Je finis ici le récit de ce que j'ai fait de plus important dans mon après-midi. Ce qui suit n'a été écrit que par forme de souvenir pour mon propre usage, & ne mérite guere d'être lu.

On me dit pendant que j'étois encore à l'amphithéatre, que l'un des chevaux du carosse du Roi avoit perdu un de ses fers, de sorte que S. M. fut obligée de s'arrêter à l'ardeur du soleil, jusqu'à ce qu'on eut pu lui procurer un autre cheval pour continuer sa route. Il me parut bien singulier qu'un Roi eût des Domestiques aussi négligents: j'ai demandé si cela l'avoit mis en colere, on m'a répondu qu'il s'est contenté d'en rire: un simple gentilhomme se seroit mis en fureur.

Le climat de ce pays est l'un des plus chauds de l'Europe, les habitans n'en sont pas plus maigres pour cela. Je n'ai jamais vu une si grande quantité d'hommes replets rassemblés dans un seul endroit qu'aujourd'hui.

Les femmes, aussi bien que les hommes de quelque considération à Lisbonne, paroissent aimer beaucoup la parure. Les Dames ainsi que celles de Toscane, & d'autres Etats d'Italie, mettent quantité de fleurs artificielles dans leurs cheveux: cette mode est agréable. J'ai vu dans la journée plusieurs belles figures, & des yeux très-brillants (32).

(32) Les Dames Portugaises, comme Espagnoles, mettent toutes du rouge, il n'y en a pas une qui n'en use, elles en ornent leurs joues, leur menton, leur gorge, le bout des oreilles, les épaules, les doigts, & la paume des mains : elles ne prennent pas cela pour fard. Farder chez elle, c'est quand on met du blanc avec du rouge. Elle se parent de cette maniere le soir en se couchant, & le matin à leur lever, elles ne portent point de bonnet sur la tête ni jour ni nuit : leur coëffure est différente, mais quelque différence qu'il s'y trouve, c'est toujours tête nue. Elles portent leurs cheveux plats, unis, & tressés en trois, quatre ou cinq nattes, & ces nattes sont pendantes cordonnées avec des rubans, & les plus riches y attachent des pierreries: elles nouent leurs cheveux à la ceinture lorsqu'elles sortent, à la maison, elle les enveloppent derriere la tête d'un morceau de taffetas de couleur. Leur deshabillé est une jupe, une camisolle fort juste par le corps & par les manches & sur les épaules un mantelet de taffetas qui est une espece d'écharpe longue & large, dont elles se couvrent le visage selon l'usage du pays. Quand elles sortent elles portent des espece de grands vertugadins larges & ronds comme des tonneaux composés de cinq ou six cerceaux de gros fil d'archal attachés avec des rubans de la ceinture jusqu'à terre à quelque distance les uns des autres & ces cerceaux soutiennent cinq, six, & jusqu'à douze jupes les unes sur les autres. Ces jupes ne trainent jamais par derriere, mais toujours par devant & aux côtés. Cela vient de ce qu'elles ne montrent jamais leurs pieds qu'elles ont fort petits ; elles les cachent avec le plus grand soin, & c'est la derniere faveur pour

Ici, comme en France & en Italie, ils ont la mauvaise coutume de parer extrêmement les enfans; je suis fâché de voir une petite fille avec un chignon frisé & un toupet, & une courte épée au côté d'un petit garçon. Les Anglois évitent une pareille absurdité. En Angleterre les petites filles & les petits garçons, fussent-ils, même fils & filles de Ducs & de Comtes, ne sont ja-

un homme lorsqu'une femme se résout à lui laisser voir ses pieds. Leurs souliers sont sans talon & si justes qu'ils semblent être collés au pieds; elles glissent plutôt qu'elles ne marchent, ce qui leur ôte souvent les graces que leur donneroit leur taille avantageuse, si elles marchoient avec plus d'aisance & de fermeté. Parmi elles c'est un trait de beauté que d'être maigre & de n'avoir point de gorge; & tandis que les Françoises & les Vénitiennes font renfler la leur avec soin, les Espagnoles & les Portugaises s'appliquent de bonne heure à l'applattir en se bandant comme des enfans au maillot. Elles ne portent point de colier, mais en échange elles ont des bracelets, des bagues & des pendans plus gros que tous ceux que l'on voit en Hollande.

Lorsque les Dames se rendent visite, elles ne se présentent point de sieges, elles sont toutes assises par terre, les jambes en croix sur des tapis ou des carreaux. Elles ne s'embrassent point en se saluant, mais se présentent la main nue, & ne se nomment que par leur nom de Baptême *Dona Clara* &c. Les Dames de la première qualité ne se vont promener que la première année de leur mariage, du moins aux promenades publiques; lorsqu'elles veulent se trouver dans ces promenades sans être connues, elles se chargent de certaines mantes dont elles se couvrent la tête & le visage.

mais ajuftés de façon à reffembler à des hommes & à des femmes de Lilliput; ce qui eft peut-être la raifon pour laquelle l'Angleterre abonde moins en fats & en coquettes que la France & l'Italie.

LETTRE XX.

Effets du tremblement de terre. Une Ville n'eft pas auffi facile à rebâtir qu'on croit.

Lisbonne 2 Septembre 1760.

J'AI vifité tout à mon aife les ruines de Lisbonne; il m'en refte une image frappante & indélébile! ne comptez pas que la rélation que je pourrois vous en faire pût jamais vous donner l'idée une pareille image. Il n'y a point d'expreffions qui puiffent rendre cette horrible fcene; du moins je n'en connois aucune qui puiffe en approcher, il faudroit voir par foi-même ces triftes débris pour concevoir les calamités auxquelles cette Ville a été expofée lors de ce tremblement de terre à jamais mémorable.

Autant qu'il m'eft poffible d'en juger, après m'être promené tout le matin, &

toute l'après-midi parmi ces ruines, ce qui a été détruit de Lisbonne formeroit une Ville deux fois auſſi grande que Turin (33). On ne découvre autre choſe dans tout cet eſpace que de vaſtes monceaux de décombres, du milieu deſquels s'élevent en pluſieurs endroits de triſtes veſtiges de murs renverſés, & de colonnes briſées.

Le long d'une rue dont la longueur eſt de quatre bons milles, à peine eſt-il reſté un ſeul édifice debout: & je préſume par les matériaux qui forment les ruines, que pluſieurs des maiſons de cette rue doivent avoir été magnifiques & ſpacieuſes, entremêlées de ſuperbes Egliſes, & d'autres Edifices publics; & par la quantité des marbres épars des deux côtés, il paroît clairement qu'au moins le quart des bâtimens de cette rue en étoient entiérement compoſés.

La rage du tremblement de terre (qu'on me paſſe cette expreſſion) paroît principalement s'être déchaînée contre cette longue

(33) Turin, Ville fortifiée, Capitale du Piémont, Réſidence du Roi de Sardaigne, n'a qu'un peu plus d'un mille de longueur, en la prenant de la porte du Po juſqu'à celle de Suſe: elle n'a pas tout à fait autant de longueur depuis ce palais du Roi juſqu'à la porte neuve. Lisbonne depuis la porte d'Alcautara juſqu'au bain des Eſclaves, avoit environ quatre milles, & preſque par tout un mille & demi de largeur.

rue, car tous les édifices des deux côtés ont été pour ainsi dire rasés jusqu'aux fondemens: tandis que dans d'autres quartiers de la Ville, plusieurs maisons, églises & autres bâtimens sont restés debout; quoique tous si cruellement mutilés qu'on ne sauroit les réparer qu'avec de fortes dépenses. On n'en trouve dans toute la Ville aucun qui ne porte des marques visibles de cet affreux tremblement de terre.

Je ne saurois suivre aucune méthode en parlant des différens objets qui m'ont frappé dans cette journée; je me contenterai de me les rappeller autant que la confusion qu'ils ont occasionné dans mes idées me le permettra: tout mon corps frissonnoit en parcourant ces monceaux de ruines. Qui sait, me disois-je en moi-même, si je ne me trouve pas actuellement foulant aux pieds quelques corps mutilés, subitement ensévelis sous ces ruines! Celui d'un homme de mérite! d'une belle femme d'un enfant en bas âge! peut-être ceux de toute une famille!..... Ensuite j'apperçus une Eglise détruite. Je me représentai ses murs tombans! le Dôme s'enfonçant & écrasant des milliers de personnes de tout sexe, de tout âge & de toutes conditions! Ici étoit un Couvent, là un Monastere de Religieuses, ceci étoit un Collège, cela un hôpital!.....

Contraste insuffisant

NF Z 43-120-14

Je crus voir des communautés entieres détruites en un inflant. Ces idées effrayantes & affligeantes fe préfentoient à moi de tous côtés.

Comme j'errois ainfi abîmé dans ces triftes réflexions une vieille femme me faifit par la main avec force & me dit en me montrant du doigt un endroit peu éloigné. Etranger, voyez vous cette Cave! Ce n'étoit ci-devant que ma Cave; actuellement c'eft mon unique habitation; parce qu'il ne m'en refte point d'autre. J'étois encore dans ma maifon lorfqu'elle a été renverfée, & je m'y trouvai renfermée & enterrée fous fes ruines pendant neuf jours. J'y ferois périe de faim, fans les raifins que j'y avois pendu pour les conferver. A la fin des neuf jours j'entendis du bruit fur ma tête, c'étoit des gens qui fouilloient dans les décombres, je criai auffi haut qu'il me fut poffible; on débarraffa l'entrée de ma prifon & on m'en tira.

Je lui demandai ce qu'elle penfoit dans cette trifte fituation; qu'elles étoient fes efpérances, qu'elles étoient fes craintes? je ne craignois rien, dit-elle, j'implorois le fecours de St. Antoine, qui a été mon protecteur depuis ma naiffance. J'attendois à chaque inftant ma délivrance, & j'étois fure quelle arriveroit bientôt. Mais, hélas! Je ne
favois

favois guere ce que je demandois! Il auroit beaucoup mieux valu pour moi de mourir tout d'un coup! Je me suis sauvée du péril sans la moindre blessure: mais que signifie une vie pleine d'affliction & de misere, sans qu'il me reste un seul ami dans le monde! Toute ma famille a péri: elle consistoit en treize personnes: & à présent il ne reste plus que moi!.....

Voici une autre délivrance qui n'est pas moins extraordinaire! Un gentilhomme étoit dans sa Caleche, & passoit le long d'une espece de terrasse, située sur le penchant d'une éminence qui commande toute la Ville. Les mules effrayées sauterent en bas de cette hauteur à la premiere secousse. De sorte que ces animaux ainsi que le cocher furent tués sur le champ, & la Caleche brisée en mille morceaux; cependant le gentilhomme qui étoit dedans n'eut pas le moindre mal.

On ne finiroit point, si l'on vouloit raconter tous les accidents singuliers qui arriverent dans cette funeste journée! Chacun de ceux qu'on rencontre en savent vingt des plus extraordinaires.

Le Roi avoit deux Palais à Lisbonne, & ils ont été tous deux détruits: heureusement personne de la Famille Royale ne périt, ils venoient dans l'instant de partir de

Lisbonne pour Bellem (34) & ils se trouvoient justement dans une partie du chemin où il n'y avoit aucune maison dans les
environs : s'ils étoient resté un quart d'heure de plus dans la Ville, ils seroient vraisemblablement péris. Comme le Palais
Royal de Bellem fut pareillement presque entierement détruit, le Roi, la Reine, les Princesses, & leur suite furent obligés de camper dans un jardin, & dans les
champs voisins : & je me souviens fort bien
que le Ministre Anglois qui étoit alors à
cette Cour, écrivit en Angleterre, que
cinq jours après le tremblement de terre il
fut à Bellem pour rendre ses hommages à
la Famille Royale, mais que la Reine lui
avoit fait dire qu'il lui étoit impossible de
le recevoir, étant logée sous une Tente,
& hors d'état de se montrer. Imaginez
quelle a du être la misere du peuple lorsque la Famille Royale a eu si fort à souffrir.

Je ne dois pas non plus oublier de faire
mention de l'embrasement général qui suivit le tremblement de terre. Vous savez
que ce malheur arriva le jour de la Tous-
saint à dix heures du matin ; c'est-à-dire au
moment que le feu étoit allumé dans tou-

(34) Bellem est une Ville ou un village à environ trois
mille de Lisbonne, où le Roi & la famille passent la meilleure partie de l'année. Voyez la Note 26. page 116.

tes les cuisines pour préparer le diné, & que toutes les Eglises étoient illuminées à cause de la solemnité du jour. Les feux des cuisines & les lumieres des Eglises roulerent & se communiquerent aux matieres combustibles qui durent nécessairement se trouver dans leur chemin, & la Ville désolée ne fut bientôt plus qu'un bucher. Lisbonne est aprovisionnée d'eau par ses Aqueducs, mais ces aqueducs furent rompus par les secousses: de sorte qu'on ne put s'en procurer que peu ou point. Quand elle auroit été même très-abondante, la Ville auroit eu de la peine à se sauver de l'embrasement, chacun s'enfuit (35) dans les champs, & dans les lieux isolés, desorte que le feu fit encore plus de mal que le tremblement de terre. Puisqu'il consuma tout ce qui se trouvoit dans les maisons, qui auroit en grande partie pu se retrouver sous les ruines s'il n'avoit pas été

---

(35) M. Clark assure, qu'à la premiere secousse le peuple, courut en foule dans les Eglises: comment a-t-il pu croire ceux qui lui ont fait un pareil conte? Il dit, aussi, qu'un quart seulement de Lisbonne a été détruit par le tremblement de terre. S'il avoit lui même visité ces ruines il se seroit convaincu qu'il y en a eu plus des deux tiers. J'espere qu'il m'excusera si je releve encore un petit nombre de ses erreurs en parlant de Toléde & de Madrid.

confumé. Quel affreux fpectacle pour trois cent mille habitans de voir leurs demeures bruler toutes à la fois !

Mais n'eft-il pas étonnant, après un pareil tremblement de terre, & cette terrible incendie, d'entendre conftamment répéter aux Portugais; & ils l'ont repété chaque jour depuis ce trifte événement, que leur Ville fera bientôt rebâtie, tout à fait réguliere & plus belle qu'elle n'a jamais été ? & que tout cela s'effectuera en peu de temps ? ces affertions ne me donnent pas une bien haute idée de leur efprit, encore moins de leur jugement, quand je les vois fe livrer ainfi à la fougue de leur imagination.

Ils difent eux-mêmes, que d'après un calcul modéré, Lisbonne contenoit vingt-quatre mille maifons (36). De ce nombre

(36) Lisbonne étoit une Ville fuperbe avant que le terrible tremblement de terre de 1757 eût prefque tout renverfé. Cette Ville a deux académies, un tribunal de l'inquifition, un bon château, un port d'environ cinq lieues de long eftimé l'un des meilleurs & des plus célebres d'Europe, expofé cependant quelquefois aux ouragans : les places & les édifices publics y étoient magnifiques. Le Palais du Roi étoit bâti au milieu du Tage, de forte que le Roi pouvoit voir de fes fenêtres tous les vaiffeaux qui arrivent à Lisbonne. Il fe fait dans cette Ville un commerce prodigieux. Il s'en faut beaucoup qu'elle foit réparée, on y voit encore des Rues entieres enfévelies fous les dé-

au moins les deux tiers ont été totalement rafées, & l'autre tiers eft en très-mauvais état. Cependant fans parler des réparations qu'éxige ce tiers, & ne faifant attention qu'aux deux tiers ruinés; comment enlever les décombres de feize mille maifons en même temps que ceux d'une centaine d'Eglifes, de deux palais Royaux, & de plufieurs couvents d'hommes & de femmes, d'hopitaux & d'autres édifices publics? Si la moitié de ceux qui ont échappés à la fureur du tremblement de terre, devoient n'être employés à autre chofe qu'à tranfporter cette immenfe quantité de ruines; il n'eft pas bien certain qu'ils parvinffent à le faire en dix ans. Après cela où trouver les matériaux néceffaires pour rebâtir feize mille maifons, & quelques centaines d'autres édifices. Plufieurs de ces maifons avoient quatre, cinq, fix, & même fept étages.

Il eft vrai, que les environs peuvent fournir affez de marbre pour bâtir vingt villes comme Lisbonne. Néanmoins il faut le tirer de la carriere, le tailler, le tranfporter à la Ville, tout cela n'éxige-t-il pas

combres. Cette Ville a foutenu plufieurs fieges, & ce n'eft que depuis 1640. qu'elle eft reftée foumife au Roi de Portugal. L'air y eft très-falubre. La variété des fleurs qu'on y voit en tout temps fait qu'il femble qu'on y eft dans un printemps continuel.

du temps? & peut-il être éxécuté par des gens dont tous les outils ont été confumés par l'incendie?

Mais dira-t-on, pour avoir plutôt fait ils rebâtiront en briques; mais la fabrication d'une fi grande quantité des briques (fuppofant même qu'on ait fous la main la terre convenable) n'eft pas l'ouvrage d'un jour. Il faut conftruire des briqueries; raffembler du bois pour chauffer les fours. Mais comment fe procurer ce bois dans un pays que l'on m'affure en avoir fort peu? Et où font les milliers de faifeurs de briques néceffaires pour fabriquer les milliards de briques dont on ne fauroit fe paffer? qu'on leur fourniffe même les ouvriers, la terre & le bois fuffifans, où eft la chaux, le fer, & les autres matériaux?

Mais où ce peuple habite-t-il actuellement? tant de gens ne fauroient certainement vivre en plein air?

Il eft facile de répondre, à cette queftion: plufieurs habitent les maifons reftées debout, & un plus grand nombre d'autres fe retirent dans cette multitude de cabanes de bois, & de chaumieres qu'on a bâties à la hâte autour de la Ville ruinée. Plufieurs groupes de ces cabanes & de ces chaumieres forment partie de la vue que j'ai de mes fenêtres, je dois ajouter que plusieurs des plus indigens ont écarté ici & là les décombres, ont nettoyé plusieurs chambres des rez de chaussée, & plusieurs caves souterraines, ils y passent leur vie si ce n'est à leur aise, du moins à l'abri du mauvais temps. On comprend facilement qu'un très grand nombre de gens se sont retirés ailleurs.

Les Portugais n'ont cependant point été oisifs, & n'ont cessé de bâtir depuis cette fatale époque. Mais après avoir parlé de cabanes & de chaumieres conviendroit-il de vous entretenir d'un Arsénal: & d'un Arsénal même si considérable (à ce qu'on m'a assuré) que dans le monde entier il ne se trouvera pas un édifice de cette espece qui lorsqu'il sera fini puisse lui être comparé, ainsi qu'à son grand Portique, sous lequel les marchands s'assembleront aux heures qu'on nomme en Angleterre *heures de la Bourse*.

Cet édifice est le seul considérable qui ait été entrepris à Lisbonne depuis le tremblement de terre; il ne me convient pas de dire, qu'au lieu d'un bâtiment aussi superbe il auroit été plus sage de bâtir une centaine quantité de maisons; je ne dirai pas non plus, que pendant un temps on auroit pû achepter des vaisseaux tout faits; & que les affaires de commerce auroient pû se-

traiter au moins durant un petit nombre d'années dans un endroit un peu moins décoré que le grand Portique. Mais ce que je ne saurois taire : c'est que s'il m'étoit loisible de former des souhaits en faveur des pauvres habitans de Lisbonne; j'aimerois mieux qu'on eût rebâti une de leurs anciennes rues, que d'y voir le plus grand de tous les Arsénaux : plutôt un petit nombre de Magazins pour mettre les marchandises en sûreté, qu'un grand Portique sous lequel les Négocians puissent s'entretenir. Mais le peuple, en faveur duquel je pourrois former de pareils vœux; paroit avoir adopté une autre façon de penser : qui sait si lorsque cet étonnant Arsénal sera fini, ils ne se mettront point à rebâtir leur Inquisition, leur Cathédrale, ou quelque énorme Monastere.

Il paroit que l'opinion générale en Portugal est que le nombre de ceux qui ont péri sous les ruines de cette Capitale, monte à plus de quatre-vingt dix mille âmes. Mais en supposant qu'il soit exagéré des deux tiers, exagération assez ordinaire aux malheureux; il sera encore assez considérable & on ne pourra y réfléchir sans être saisi d'horreur?

Lisbonne n'est pas la seule Ville du Portugal qui ait éprouvé cette affreuse calamité.

té. On m'a assuré que les autres ont à proportion encore plus souffert. Une en particulier nommée St. Ubès (37) ou Sétubal fut si cruellement détruite que tous ses habitans y ont péri!

Mais il est temps de quitter ce sujet. Il m'inspire une tristesse qui ne sauroit être bonne à rien.

LETTRE XXI.

Une pierre fondamentale posée. Pompe Patriarchale. Chevaux pies.

Lisbonne 3 Septembre, 1759.

J'AI vu le Roi de Portugal & toute sa cour en grand gala: ce jour est un jour d'anniversaire mémorable; il y a aujourd'hui trois ans qu'il s'en fallut peu que S. M. n'eut été assassinée par le Duc d'Aveïro & ses complices.

Cette action étoit véritablement criminelle & ne sauroit se comprendre: on a

---

(37) St. Ubes dans la province d'Estramadour située à l'embouchure de la riviere de *Cadaon* à 18 mille Sud-Est de Lisbonne, elle produit beaucoup de Sel.

peine à concevoir comment il est possible que le Duc ait été inspiré & sollicité d'ôter la vie à son souverain, par plusieurs de ses parens, de ses amis, & par le corps entier des Jésuites Portugais; qu'une conspiration aussi exécrable ait exigé la concurrence d'un si grand nombre de gens, tandis qu'à la fin on n'en avoit besoin que de très-peu pour perpétrer le crime: que cet affreux secret ait été confié à des hommes, à des femmes, à des maîtres, à des domestiques, à des ecclésiastiques & à des laïques, & qu'il ne se soit pas trouvé une seule de tant de personnes, tentée par l'espérance, forcée par la crainte, ou induite par un motif salutaire à la découvrir à temps: qu'un pareil secret ait été si fidelement gardé par tous les complices c'est ce qui paroît incroyable sous un Gouvernement aussi vigilant & aussi soupçonneux! tout cela me passe. Mais revenons en au gala.

On a élevé ces derniers jours dans ce Village de *Bellem* dont j'ai déjà fait mention un édifice en bois, dans l'endroit même où les assassins tirerent sur sa Majesté.

Cet édifice à quatre vingt de mes pas de longueur, & vingt quatre de largeur, le dedans étoit meublé d'une espece de serge rouge rayée, & garnie d'une frange de clinquent d'or faux. On avoit placé au milieu un autel superbement décoré. Vis à vis de l'autel étoient deux bancs fermés, l'un pour le Roi, & l'autre pour la Reine, outre un troisieme moins élevé pour (38) *Don Bastien Joseph de Calvalho* Secrétaire d'Etat. Au dessous du banc de la Reine étoit placé une espece du trône pour le Cardinal de *Saldanha* Patriarche de Lisbonne. Le reste de la place étoit occupé par la noblesse du Royaume, les Ministres étrangers, & tous les étrangers un peu bien vétus confondus pêle-mêle. Les gens néanmoins de la suite du Patriarche, ainsi que les musiciens avoient quelques bancs particuliers.

Comme la journée étoit extrêmement chaude, les portes & les fenêtres resterent ouvertes pendant toute la cérémonie ; desorte que la foule inombrable de spectateurs qui n'avoient pu entrer faute de place, voyoient à peu de chose près tout aussi bien que ceux qui étoient en dedans.

Environ sur les neuf heures, parut le Secrétaire d'Etat *Carvalho* précédé de plusieurs Gentilshommes, de plusieurs domestiques, d'un tambour & d'un trompette, tous à cheval ; il étoit dans son Carosse trainé par six chevaux gris pom-

---

(38) Le Comte d'Oeyras premier Ministre.

melés, suivi de deux valets de pieds, un à chaque côté de la voiture, & par vingt-cinq Gardes du corps du Roi.

À peine avoit-il mis pied à terre, & étoit-il arrivé à son banc, que le Patriarche se montra: à l'exception du Pape il n'y a point d'Ecclésiastique au monde qui soit toujours environné d'une aussi grande pompe que ce patriarche; ses revenus à ce qu'on assure vont à trente mille livres sterling; ainsi il est fort en état de la soutenir.

La marche fut ouverte par deux Carosses remplis de prêtres, suivoient ensuite cinquante domestiques de son Eminence marchant deux à deux en livrées bleues bordées d'un ruban de soie cramoisi, ayant tous la tête découverte, bien poudrés, & portant tous de longs manteaux trainant jusqu'à terre: ils étoient précédés par un prêtre à cheval, tenant à la main une croix d'argent fixée au bout d'un bâton argenté. Ensuite suivoient sept Carosses. Les deux premiers étoient occupés par les officiers Ecclésiastiques de son Eminence. Dans le troisieme étoit le Patriarche lui-même avec son Maître de Cérémonies, celui-ci occupoit le devant de la Voiture. Deux prêtres à pied étoient aux deux côtés. Chacun d'eux portoit un parasol de Velours cramoisi garni de franges d'or. Ils étoient d'une si haute stature, qu'ils me rappellerent *Don Fracaffa* & *Don Tempefta* du poëme de *Richardet*. Le Caroffe du patriarche tant le dehors que le dedans étoit doublé de Velours bleu, très-bien peint, & chargé de dorure. Il étoit suivi du Caroffe de parade vuide, si riche & si beau que la Reine Sémiramis même n'auroit pas craint de s'en servir. Venoient après trois autres Caroffes remplis auffi d'officiers; ces officiers & même partie des cinquante domeftiques à pied étoient tous Ecclésiaftiques. Les quatre premiers Caroffes étoient attelés de six chevaux pies; c'eft-à-dire mi-parti de blanc & de noir, qui paroiffent être moins communs en Portugal & en Espagne que dans d'autres pays. Tous galoppoient, mais leur galop étoit si bien compaffé que les gens de pied quoique marchant gravement & au petit pas pouvoient les fuivre. Les trois Caroffes qui venoient enfuite au lieu de six chevaux étoient trainés par six mules, beaucoup plus belles qu'aucune que j'euffe jamais vues en Italie. Le Patriarche revêtu de fes habits Pontificaux: & comme dit Pétrarque.

Stavafi tutte humile in tanta gloria.
Et fon humilité n'éclipfoit point fa gloire.

Tandis que cette magnifique procession s'avançoit vers l'édifice de bois, plus de vingt autres Voitures, tirées chacune par six mules parurent de différens côtés; elles étoient occupées par les dignitaires & les Chanoines de la Cathédrale de Lisbonne. Ils mirent tous pied à terre à la porte de l'édifice, & furent se ranger partie à la droite & partie à la gauche du trône du Patriarche. J'avois quitté ma chaise, & pris le cheval de Baptiste afin de voir plus à mon aise : cette magnifique pompe me plut-elle, ou fus-je choqué d'une parade aussi vaine? Elle me plût; parce que je ne suis point un philosophe bouru. Pareils spectacles sont naturellement agréables, & je n'ai jamais eu de satisfaction à contrarier la nature. J'entendis un Anglois qui maudissoit ce spectacle de Marionettes, je jugeai qu'il étoit d'un humeur difficile, ou qu'il avoit quelque sujet particulier de mécontement.

Le Roi vint ensuite dans un Carosse à six chevaux, noirs & blancs ainsi que ceux du Patriarche entouré de vingt-quatre de ses gardes du corps. Don Pedro étoit avec lui. La Reine suivoit immédiatement accompagnée de ses quatre filles, & d'une vieille Dame, toutes occupoient le même Carosse, il y en avoit quatre autres deux devant & deux derriere pleins de Dames, & tous à six chevaux, Sa Majesté étoit environnée d'une Troupe de ses propres gardes à cheval; qui sont beaucoup mieux vêtus que ceux du Roi, & composés, à ce que l'on m'a assuré, presque tout d'étrangers, principalement d'Irlandois, d'Ecossois & d'Allemands. Cette Princesse ainsi que ses filles étoient très-richement parées; elles avoient de très-larges paniers, elles étoient couvertes de diamants: Les Princesses sont parfaitement bien faites, elles ont de beaux teints & de très-beaux yeux. L'une d'elles (je crois que c'est la troisieme, je n'en suis pourtant pas bien sur) autant que ma mauvaise vue m'a permis d'en juger à la distance de vingt à vingt-quatre pieds est une beauté parfaite. Je vis avec plaisir leur vivacité, & l'agilité avec laquelle elles descendirent de Carosse.

Quand elles furent dans leur banc, elles se tinrent toutes un moment à genoux, à l'exception de la Reine qui s'assit, se mit à lire, & à baiser les feuillets de ses heures; comme elle les baisa plus de quarante fois en très-peu de minutes, j'en demandai la raison, on me répondit que Sa Majesté avoit coutume de baiser le nom de Dieu, de notre Dame, & celui de tous les Saints & de tous les Anges dont il étoit fait mention dans les livres qu'elle lifoit. Cette fingularité me rappella un philofophe Anglois (M. Boyle fi je ne me trompe) qui avoit coutume de faluer toutes les fois qu'on faifoit mention de Dieu (39).

La Reine pofa fon Livre, & l'on chanta un *Te Deum* accompagné d'un grand fracas de Mufique. Il fut fuivi des Litanies.

Alors le Roi fe leva, & fuivi de Don Pedro, du Secrétaire d'Etat Carvalho, & de quelques autres Courtifans, defcendit dans une efpece de foffe d'environ trois pieds de profondeur, où l'on avoit placé d'avance des peles, des marteaux, & d'autres outils de mafion en argent, ainfi que des pierres, des briques, & du mortier. Sa Majefté pofa quelques médailles d'or & d'argent au fond de cette foffe, & les couvrit avec une pierre quadrangulaire, enfuite ce Monarque & les gens de fa fuite prirent les peles, & fe mirent à garnir cette pierre de briques & de mortier, frappant les briques de temps en temps avec les marteaux, à mefure qu'un gentilhomme que je fuppofe être l'architecte du Roi le leur enjoignoit. Ainfi fut pofée la premiere

(39) M. de Voltaire rapporte également que le grand Newton n'entendoit jamais prononcer le nom de Dieu fans faire une inclination profonde, qui marquoit & fon refpect & fon admiration pour les œuvres du Créateur.

pierre d'une magnifique Eglife, que l'on doit bâtir fans perte de temps pour s'aquitter d'un *Ex voto* à la bienheureufe vierge Marie pour l'heureufe délivrance que le Roi obtint par fon interceffion des armes à feu du Duc d'Aveïro & de fes complices.

Cette cérémonie ne dura que peu de minutes, pendant laquelle je fus fort étonné de voir quelques femmes du commun, qui regardant au travers d'une fenêtre, rioient de toute leur force des maffons, vraifemblablement parce qu'ils exerçoient affez mal adroitement leur nouvelle profeffion, ce qui déconcerta un peu la gravité des fpectateurs; cependant perfonne ne fut choqué de leur impertinence.

Le Roi, & fa compagnie reprirent leurs places, & dès qu'ils furent affis, le Patriarche aiant quitté fon trône, fe tint debout devant l'autel, & chanta une grand-meffe affifté de fes dignitaires & des Chanoines avec les cérémonies ufitées par les Cardinaux à l'égard du Pape lorfque fa fainteté officie pontificalement. Pendant la meffe la mufique fe fit entendre & fut fort admirée. S. M. a un grand nombre de muficiens à fon fervice, dont plus de quarante font Italiens une partie chanteurs, & l'autre joueurs de divers inftrumenrs; ce qui eft affez remarquable.

La messe dura une bonne heure, & fut terminée par la bénédiction Patriarchale, après quoi l'assemblée se sépara, chacun s'en fut chez soi las & fatigué. Il faisoit très-chaud dehors, parce que le Soleil étoit dans toute sa force; mais en dedans la chaleur étoit insuportable.

A quelque distance de l'édifice étoit posté un bataillon d'Infanterie, qui y demeura pendant toute la cérémonie, les Soldats étoient mal habillés & encore plus mal peignés; on ne leur permit point de faire feu; en Italie on auroit eu peine dans une pareille occasion d'empêcher les nôtres de tirer; il me parut que l'on avoit fait prudemment de le leur interdire; car le feu auroit épouvanté les chevaux & les mules, & les auroient fait cabrer. J'entendis aussi avec satisfaction plusieurs officiers des gardes à cheval ordonner fréquemment à leurs Cavaliers de serrer leurs rangs, & d'aller lentement afin de ne blesser personne.

J'avois vu avant hier à l'Amphithéatre un grand nombre de Dames. J'en ai vu aujourd'hui bien d'avantage à l'édifice de bois; & j'ai eu sujet dans l'un & l'autre endroit d'être content de cette vûe. Elles étoient surtout à cette derniere cérémonie très-richement parées, couvertes de diamans, & plusieurs d'entre elles m'ont parues très-jolies. Elles font en général beaucoup plus belles que l'on ne le préfumeroit dans un climat auffi brulant, ce qui me fait fuppofer qu'elles ont foin de ne pas trop s'expofer au Soleil. Elles ont prefque toutes l'air ouvert, & le maintien gracieux. Ce qui contrafte merveilleufement avec la figure des hommes, dont la peau eft à peu près noire, & le vifage férieux & refrogné; même lorfqu'ils paroiffent fourire, ce qu'ils font affez fouvent. La maniere dont ils faluent les femmes eft affez finguliere; en les abordant ils font une courte, & fubite génuflexion, telles que celles que nous faifons aux ftatues les plus fameufes de la Ste. Vierge lorfque nous fommes preffés: les Dames paroiffent y faire peu d'attention & y répondent à peine d'un petit figne de tête, furtout lorsqu'il eft queftion de quelqu'un au deffous d'elles. Les gentilshommes venant à fe rencontrer s'embraffent avec beaucoup de refpect, & fe baifent mutuellement l'épaule gauche.

On m'a affuré que perfonne à Lisbonne n'avoit la liberté de fe fervir de chevaux pour trainer fon Caroffe, fa chaife ou toute autre Voiture, à l'exception de la Famille Royale, des Miniftres d'Etat, du Patriarche, des Miniftres étrangers, & d'un petit nombre d'autres. Le refte fe fert de mules. Le Portugal, n'abonde point en chevaux, & les Portugais font obligés d'en tirer en contrebande d'Efpagne; d'où la fortie de ces animaux eft défendue fous de rigoureufes peines.

L'habillement des femmes n'eft nulle part auffi varié que parmi celles du commun dans cette Ville. Quelques-unes fe cachent fous des voiles de differentes étoffes & couleurs; d'autres paroiffent tout à fait à découvert, quelques-unes ont leurs cheveux retrouffés; d'autres les laiffent flotter fur leurs épaules, d'autres les treffent, les unes ont des coëffures à la mode Françoife, & d'autres portent des chapeaux à l'Angloife. Plufieurs ornent leurs têtes de rubans, & quelques-unes des fleurs naturelles ou artificielles. Le tremblement de terre eft caufe de cette grande variété comme il a privé la majeure partie de ces femmes de leurs parures, elles s'ajuftent comme elles peuvent, & n'ont plus de mode nationale ou particuliere.

LETTRE XXII.

Autre belle vue. Vers rimés & non rimés. Vie céleste des hyeronimites. Encore les rives du Tage. Sémature de sel.

Lisbonne 5 Septembre 1760.

HIER en feuilletant un livre Portugais, j'obſervai qu'il étoit imprimé à *Lisbonne Occidentale.* Que ſignifie cette Lisbonne Occidentale? y en auroit-il une autre que celle-ci?

En aucune façon, me répondit le Libraire François chez lequel je me trouvois. Quelques Littérateurs Portugais affirment, que l'ancienne Oliſipo étoit ſituée de l'autre côté de la riviere; parce que l'on y a trouvé une ancienne inſcription, où il étoit mention d'*Oliſipo.* Sur ce foible fondement, & pour faire parade d'érudition quelques-uns d'eux donnent cette épithéte d'*Occidentale* à cette Ville, ſans réfléchir qu'en admettant même que leurs conjectures fuſſent vraies; cette diſtinction ne laiſſeroit pas d'être chimérique, puiſque l'on n'a jamais rien imprimé dans cette *Lisbonne Orientale.*

Je ne déciderai point si le Libraire à tort ou raison à cet égard. Cependant, dis-je, en moi même, j'irai, & je visiterai l'autre rive de la riviere, & verrai si j'y pourrai découvrir quelques vestiges d'antiquité qui puissent fournir matiere à former un paragraphe de ma lettre. Un lieu où les savans soupçonnent que Lisbonne étoit autrefois située mérite bien une visite.

Ce matin de bonne heure, en conséquence de cette résolution, je me suis mis dans un petit bâteau avec Baptiste, & nous avons fait voile pour la rive du Tage opposée à la Ville.

J'ai trouvé ce côté des rives du fleuve beaucoup plus élevé que celui-ci. C'est une montagne parfaite, l'endroit où j'ai débarqué n'a ni maisons, ni emplacement convenable pour en bâtir. J'ai vu un sentier qui conduisoit au sommet de la montagne, je l'ai suivi, il est escarpé, & assez difficile à grimper. Au haut se trouvent deux Villages; l'un nommé *Castillo*, l'autre *Almada*.

Castillo n'a rien de remarquable, si ce n'est les ruines récentes d'un château antique, peut-être du temps des Maures, d'où vraisemblablement le Village a pris son nom. Il est situé sur un rocher en forme de pain de sucre, & l'on m'a dit qu'il étoit en ruine, & inhabité même avant que le tremblement de terre le mit dans l'état où il est actuellement.

A *Almada* qui est à environ une portée de Mousquet de *Castillo* j'entrai dans un petit couvent de Dominicains, les murs sont incrustés de pierres de tailles peintes en bleu, ils sont si nets & si propres, qu'à les regarder seulement la vue semble rafraichir dans ce temps chaud. L'Eglise de cette maison fut renversée par la premiere secousse du tremblement de terre, & les corps mutilés d'environ vingt hommes & de six fois autant de femmes furent tirés de dessous ses ruines. Le Couvent soutint le choc, de sorte qu'aucun des Moines à l'exception de celui qui disoit la messe ne périt.

Des fenêtres qui sont à l'occident on a une vue qui surpasse même celle de *Mont Edgecombe* dans la Province de Dévon; on découvre en plein la Ville de Lisbonne : ensuite *Bellem*, *Cascaès*, St. *Julien*, & tous les Villages, Châteaux, fortifications, & autres édifices le long de la riviere jusqu'à la mer, avec un immense paysage qui environne tous ces objets : borné d'un côté par le *Roc de Lisbonne* dont j'ai déjà fait mention, & dans d'autres endroits par d'autres côteaux dont j'ignore les noms. La vue des fenêtres à l'occident est aussi très-belle, quoique pas aussi frappante, elle ne consiste qu'en une longue suite de côteaux couverts de Vignes, & coupés par une quantité prodigieuse d'arbres fruitiers de toute espece, surtout d'orangers & de citronniers, avec des maisons & des cabanes de distance en distance. Almada m'a paru charmant, quoiqu'il ne soit embelli par aucune autre maison remarquable que par le Couvent des Dominicains, ce que je ne saurois attribuer qu'à la difficulté qu'il y a d'y parvenir, on ne peut s'y rendre qu'à pied ou sur une mule. *Almada* & *Castillo* ont été l'un & l'autre à peu près, entiérement détruits par le tremblement de terre.

Après avoir joui tout à mon aise de ces belles vues, je suis descendu le sentier escarpé, je suis rentré dans mon bâteau, & j'ai été voir un hopital Anglois qui est un peu plus bas, du même côté de la riviere, & au pied du côteau formant une langue de terre qui s'avance un peu dans le Tage; je n'y ai rien apperçu qui fût digne de remarque, à l'exception du Médecin de cette maison, qui étoit âgé, & fort impoli, peut-être la jalousie l'avoit-il rendu tel,

ayant

ayant eu la foiblesse à soixante & dix ans d'épouser une jolie Portugaise qui n'en avoit que dix-huit. Il m'a regardé de très mauvais œil, lorsqu'il m'a vu entrer dans le jardin de l'hopital; parce que la jeune femme s'y trouvoit dans le même moment & y cueilloit des fruits. Comme il avoit répondu assez brusquement aux questions que je lui avois faites (40). J'ai été tenté de

(40) Dans tous les pays du monde, la Jalousie est une passion condamnable qui portent ceux qui la sente à des excès souvent terribles; mais en Portugal & en Espagne ce n'est pas une passion, c'est une fureur qui ne connoît point de bornes. Les crimes les plus énormes n'ont rien d'effrayant pour un jaloux qui a résolu de se venger. On rapporte à cette occasion qu'un maître d'école ayant cru entrevoir quelque chose dans la conduite de sa femme, qui donnoit atteinte à l'honneur de son front, mais sans avoir de certitude, se leva froidement un beau matin, la poignarda dans le lit, descendit l'escalier, ferma la porte de la maison, & s'en alla dans un couvent de Cordeliers, où il ne fut pas plutôt entré qu'il dit au Gardien: *Mon Pere voilà la clef de ma maison, envoyez y quelques-uns de vos Religieux, pour faire les obseques de ma femme, que je viens de poignarder.* Content de cet exploit, il se croyoit en sûreté; mais les moines ne purent empêcher que l'affaire ne parvînt jusqu'au Roi, qui le fit arracher de cet azile, & conduire de l'autel à la potence. La coutume odieuse de renfermer les femmes plus étroitement que des religieuses les excitent à s'en dedommager. C'est ce qui fait que dans ce pays les aventures galantes sont plus commu-

le chagriner un peu, en m'addreſſant à elle, & lui demandant une des grapes de raiſin qu'elle avoit dans ſon pannier. J'ai cependant réſiſté à cette tentation, en réfléchiſſant que moi-même je pourrois peut-être me trouver coupable de la même folie, à cet âge, ſi j'y parvenois jamais. En conſéquence après avoir fait un tour de jardin, je lui ai fait la révérence, je ſuis rentré dans mon bâteau, & j'ai fait voile en remontant la riviere, & ſuivant toujours la même rive juſqu'à la maiſon d'un Irlandois marchand de vin, dont les Caves extrêmement vaſtes méritent d'être viſitées.

J'ai trouvé que M. O. Neal étoit tout le contraire du médecin: comme il s'eſt apperçu que j'avois chaud il m'a fait donner de ſon meilleur vin, un biſcuit & m'a offert toutes ſortes de rafraichiſſemens; il a eu la même attention pour Baptiſte & pour mon batelier, & n'a jamais voulu prendre l'argent que je lui ai préſenté (41).

La maiſon que M. O. Neal habite dans

---

nes que dans les contrées ou le beau-ſexe eſt chargé lui-même de la garde de ſa vertu.

(41) Je le recommande à ceux de mes lecteurs Anglois qui trafiquent en vin de Portugal. Je ſuis convaincu qu'il mérite par ſa politeſſe, pour les gens altérés, qu'on s'adreſſe à lui: il les accueille même quand il ne les connoît pas; du moins je ſuis dans le cas.

ce Canton est défendue contre les usurpations de la riviere par un môle très-fort composé de pierres plates. De ce môle j'ai eu la vue de deux Negres nageant, & se jouant dans l'eau. Si je n'avois pas vû des noirs auparavant, je les aurois pris pour une espèce toute particulière de poissons. Ils sautoient hors de l'eau, & faisoient la roue dans le fleuve comme les sauteurs font en terre ferme. Au moyen de quelques reis je leur ai fait chanter plusieurs chansons dans leur langue, qui étoit celle de Mosambique dont je n'ai compris autre chose sinon que les paroles étoient rimées. J'aurois souhaité être Musicien, uniquement pour noter les airs qu'ils chantoient, quoique très-simples rélativement à l'harmonie.

Plusieurs écrivains tant Italiens qu'Anglois ont assuré, que la rime étoit une invention monacale; je crois qu'ils se sont très-fort trompés. On ne sauroit supposer que les Missionnaires eussent enseigné aux Africains l'art de rimer: quand ils se trouvent dans ces régions ils ont bien autre chose à faire que d'apprendre à rimer ou à composer des vers blancs aux gens du pays. Une fois j'ouïs chanter à Vénise des chansons Arabes qui étoient rimées; & il éxiste une rélation Françoise de l'Arabie (composée par un Voyageur dont je ne me rappelle pas dans ce moment le nom) dans laquelle on a conservé un morceau de poëſie de cette nation errante; il eſt entierement rimé. Certain Anglois nommé *Gage* (qui ſuggéra à Cromwell l'idée d'enlever la Jamaique aux Eſpagnols) dans ſa rélation imprimée de l'*Amérique* nous a donné une ancienne chanſon Mexicaine, (les paroles & la muſique) qui eſt rimée, & compoſée long-temps avant la naiſſance de *Chriſtophe Colomb*. Ces raiſons, & pluſieurs autres de la même nature m'ont convaincu que la rime ne ſauroit être une invention monacale, mais qu'elle eſt au contraire une des propriétés naturelles & eſſentielles de la poëſie de toutes les nations anciennes & modernes, à l'exception de la langue Greque & Latine, dont les vers avoient des pieds au lieu de rimes. Ce ſont donc les vers blancs qui doivent être regardés comme étrangers à la poëſie, & de pure invention, comme ils le ſont réelement; cette innovation eſt même aſſez moderne.

Mais, permettez que je prenne congé de l'honnête O, Neal, & que je repaſſe le Tage & m'abandonne au courant. On m'a mis à terre à *Bellem*, ou je ſuis entré dans une hôtellerie d'aſſez mauvaiſe apparence j'y ai fait un chétif diné; enſuite j'ai viſité un fameux couvent de Hiéronymites; cet ordre n'est point connu en Piémont, & l'est très-peu dans les autres parties Occidentales de l'Italie.

On est actuellement occupé à réparer l'Eglise de ce Monastere dont le toit a été renversé par le tremblement de terre: les échafauts élevés à cet effet ne m'ont pas permis d'en voir grand chose: j'ai seulement observé qu'elle est une des plus vastes que j'aie jamais visitée; elle est bâtie en marbres de différentes couleurs, & ornée d'autels magnifiques. L'Architecture de tout l'édifice étoit originairement gothique; mais quelques parties du Couvent ne le sont plus. Les deux galleries ou Dortoirs qui sont vis à vis l'un de l'autre, contiennent quantité de statues, quelques-unes des saints les plus connus, & quelques autres, de ceux dont les noms & les actions me sont les moins familieres, quoique la légende fût dans mon enfance mon Livre favori.

Cent trente Peres, tous prêtres, habitent cette maison, j'ignore le nombre des freres-Lais. Leurs cellules forment de très-bons appartemens. Ceux qui logent du côté de l'eau peuvent découvrir de leurs fenêtres les vaisseaux qui montent & descendent continuellement la riviere: les appartemens sur le derriere ont la vue d'un spacieux jardin, & d'une piece de terre dont le terrain eſt inégal, clos de murs, & plein d'Oliviers.

Parmi ces arbres ſe trouvent pluſieurs petites Cellules & Chapelles appartenantes à différens pauvres pêcheurs du plus bas étage, qui ſe ſont répentis, & auxquels on a permis d'y vivre dans la plus grande oiſiveté, maniere de paſſer le temps qu'ils appellent *Vide céleſte*. Vie céleſte: ſuivant moi cette épithete lui convient aſſez, ſi on la prend dans le ſens poëtique; car le privilege de vivre ſans travailler eſt réelement une des plus grandes bénédictions de cette vie. Ils ſubſiſtent uniquement d'aumônes, dont ils ne manquent jamais par l'interceſſion de St. Jérôme, qui a vécu auſſi bien qu'eux dans une Cellule ou Caverne au milieu d'un déſert, ce ſaint en récompenſe a ſoin que ſes imitateurs ſoient abondamment pourvus du néceſſaire.

Comme ce monaſtére eſt de fondation royale, vous ſentez bien que les moines qui l'habitent n'ont pas beſoin pour leur dîné d'avoir recours à des aumônes caſuelles. Ils ſont très-bien nourris, & ne ſont tenus qu'à prier journellement durant quelques heures pour leur premier bienfaiteur & pour ſes ſucceſſeurs. Ils ſont forcés de s'aquitter régulierement de ce devoir, ſoit qu'ils y foient portés de bonne volonté ou non. Ces pieux fondateurs des maifons réligieufes ne fe font point imaginés que des prieres régulieres & fréquentes puffent devenir pénibles & ils ont toujours regardé comme une vérité inconteftable, qu'un nombre d'hommes bien nourris, chaudement vétus, & décemment logés ne murmureroient jamais d'être obligés d'implorer le Ciel pour obtenir la délivrance des ames de leurs bienfaiteurs des peines du purgatoire. Ils fuppofoient qu'une fois débarrasfés de tous foins mondains, la dévotion ne manqueroit pas de s'emparer de leurs cœurs, & il feroit à fouhaiter qu'ils ne fe fuffent jamais trompés.

Leur Eglife fervoit autrefois (& en fert encore à ce que j'imagine) de fépulture aux Rois & aux Reines de Portugal, l'on m'a affuré qu'elle renfermoit plufieurs de leurs monuments, les échaffaudages m'empêcherent de les voir (42).

(42) Le maufolée du Roi Emmanuel fondateur de ce Monaftere, eft à une des quatre premieres faces de la grande chapelle, avec fon époufe la Reine Marie dans un tombeau près du fien. On y lit cette Epitaphe.

Littore ab occiduo qui primum ad littora Solis
Extendit cultum notitiamque dei
Tot reges domiti, cui fubmifere thiaras
Conditur hoc tumulo maximus Emmanuel.

L'un des Peres, qui me montroit la maison & ses environs m'invita à goûter des raisins de leur jardin, & je peux vous assurer que nous n'en avons pas de meilleurs en Italie. Leurs figues sont aussi excellentes. Ils ont dans ce jardin plusieurs plantes du *Brésil*, particuliérement de ces especes de figues nommées *Bananes*. Elles croissent en plein air, & je ne m'apperçus pas quelles exigeassent plus de soins que les autres plantes du pays par cette circonstance, il vous sera facile de juger de la chaleur du climat.

Comme je faisois voile en remontant la riviere pour me rendre à Lisbonne, j'ai joui une seconde fois de mon batteau de la belle vue que j'avois eue du paquebot lors de mon arrivée. Il n'est réellement pas possible d'en imaginer une plus magnifique.

Dans la façade opposée est le tombeau du Roi Jean III, fils d'Emmanuel, avec celui de la Reine Catherine sa femme, sœur de Charles-Quint. On y lit cette Epitaphe.

Pace, domi, bello-que foris moderamine miro
 Auxit Joannes Tertius imperium
Divina excoluit, regno importavit athenas
 Hic tandem situs est Rex, patriæque parens.

Les autres tombeaux sont aux côtés de l'Eglise placés dans des especes de niches, qu'on a pratiquées dans l'Epaisseur de la muraille.

Il y a près de *Bellem* un superbe édifice comme sous le nom de *Paco de vaca* (*Palais de la vache*, nom singulier) où l'on dresse les chevaux du Roi pour le manege. Il est décoré de bustes & de statues, partie placées dans des Niches, & partie sur le haut des murailles. Ensuite le Palais de la *vice Reine des Indes*, celui du Marquis *Gingez* celui de *l'Ambassadeur de France*, celui du feu *Patriarche*, celui du présent *Patriarche*; celui du *Secrétaire d'Etat* au département de la marine; la forteresse nommée La *Jonqueira*: le palais qui étoit occupé par le *Cardinal Acciajoli*, nonce du Pape qui a été dernierement chassé du Portugal, d'une maniere brusque, & dure: ensuite celui du Comte de *Ribiena*, celui de *Don Emanuel*, oncle du Roi regnant, celui du Secrétaire *Carvalho*, & un autre dont on fait un prison pour les criminels d'Etat, qui n'est pas éloigné du lieu où étoit ci-devant celui du *Duc d'aveiro* actuellement presque entierement démoli, en conformité de la sentence rendue contre ce Seigneur.

Tous ces Édifices, & plusieurs autres dont les noms me sont échappés, ne dépareroient pas la plus belle de nos villes d'Italie; ils ornent l'espace intermédiaire qui se trouve entre *Bellem* & *Lisbonne*: le tremblement de terre leur a fait peu de mal : ce n'eſt cependant pas le ſeul ornement de cette partie du rivage. Il y a encore un grand nombre de maiſons, ainſi que je l'ai déja dit, toutes blanches, avec leurs fenêtres, & leurs volets ou jalouſies peints en verd. Lorſque l'on aura enlevé les matériaux du Palais d'*Aveiro* (ce qui ſoit dit en paſſant ſe fait avec précaution pour ne pas les gâter ; méritant d'être conſervés.) & que le terrain ſera égaliſé, on doit y ſemer du ſel, afin qu'il ne produiſe jamais d'herbe, ce qui me paroît une punition fort injuſte pour une pauvre piece de terre qui n'a certainememement point participé au crime du propriétaire : & après qu'on y aura ſemé ce prétendu ennemi de la fertilité : on doit ériger une haute colomne de marbre au centre de cet emplacement ſur laquelle on gravera une inſcription, pour éternifer l'infamie de ce traitre, dont le caractére ſi l'on ne m'a pas trompé étoit un compoſé de l'ignorance la plus craſſe, & de l'orgueil le plus inſolent. Les hommes jugent conformément aux différentes poſitions dans leſquelles ils ſe trouvent : il étoit fort chatouilleux & ſe fiſoit un point d'honneur d'une affaire à laquelle en général on fait très peu d'attention dans toute l'Europe, & qui eſt tout-à-fait bannie de France, où les plus grands Seigneurs eux-mêmes défirent ardemment de fe trouver alliés d'une certaine claffe de femmes.

En m'en retournant fur le foir, je me fuis arrêté un moment à bord du paquebot le *Roi George*, j'y ai bu razade avec mes amis de mer, & le Chirurgien m'a joué un air de fa mufette. Ils m'ont promis qu'ils viendroient dîner avec moi avant de mettre à la voile pour Falmouth.

LETTRE XXIII.

Echantillon de ftyle poëtique. Aqueduc.

Lisbonne 6 Septembre 1760.

D'APRÈS ce qu'on m'en avoit dit je vous ai parlé dans une de mes précédentes lettres de l'Arfenal que l'on bâtit actuellement. J'ai été moi-même dans la journée l'admirateur de fon étendue, & j'oferai avancer que fi le plus petit des cabinets qu'il renferme étoit transformé en une falle de bal ; tous les géants & toutes les géantes dont l'incomparable Don Quichotte à jamais eu la moindre idée dans

ses rêves lorsque la lune étoit parfaitement dans son plein, pourroient y danser un ballet tout à leur aise. Réellement lorsqu'il sera fini (supposé qu'il le soit jamais) les poëtes de ce pays pourront, justement dire dans le style emphatique qui leur est familier, que dans la ,, Métropole recemment
,, bâtie de l'Empire Lusitain (étonnant &
,, digne Epitôme de la puissante assyrie, de
,, la rédoutée Macédoine, de la scientifi-
,, que Grece, & de la victorieuse Rome)
,, il se trouve un édifice si vaste, si magni-
,, fique, & si somptueux, qu'on peut sans
,, exagérer le comparer au temple élevé
,, à la chaste Déesse d'Ephese, au Mau-
,, solée sans bornes de la fidele, & déso-
,, lée Arthémise, aux inconcevables nau-
,, machies du très-magnifique, quoique
,, très cruel Dioclétien; & même à ces
,, piramides surprenantes élevées sur les
,, vastes bords de l'éternellement fertile ri-
,, viere d'Éthiopie, dont le poids immen-
,, se à fait depuis nombre de siecles gémir
,, les provinces d'Egypte, & dont le som-
,, met pointu perce l'obscurité qui envi-
,, ronne le trône de Diamant, de la Reine
,, resplendissante du grand Jupiter, & sem-
,, ble défier au combat le plus long & le
,, plus sanglant, les astres les plus éloignés,

„ les plus nombreux & les plus défavo-
„ rables. "

N'allez pas vous imaginer par cet échantillon que cette façon d'écrire soit adoptée par tous les poëtes modernes Portugais: parmi la quantité de sonnets qu'on vient de publier sur la cérémonie, qui à accompagné la position de la premiere pierre de l'Eglise, qui doit être dédiée à *Nossa senhora da Liberacaom* (43) plusieurs sont écrits de ce style, & j'ose assurer que si cet éloge du nouvel arsénal étoit mis en vers & employé dans une ode ; il est probable qu'il ne déplairoit pas.

Pour parler sérieusement, il est sûr que cet arsénal est un édifice énorme, & suivant le sentiment de plusieurs, tout-à-fait disproportionné à l'usage au quel on le destine. Il n'y a pourtant jamais d'inconvénient à bâtir de vastes édifices publics, parce que les parties qui paroissent superflues pour une chose peuvent aisément servir à une autre : de cette façon plusieurs de celles-ci peuvent dans l'occasion être appropriées pour des Greniers, des Magasins, des Casernes, & autres pareilles décharges dont on n'est jamais trop fourni dans les grandes villes.

(43) Notre Dame de la délivrance.

J'ai visité ce matin ce fameux édifice; dans l'après midi j'en ai été voir un autre d'un genre différent; qui surpasse de beaucoup le premier eu égard à sa masse aussi bien qu'à sa magnificence. Je veux parler de *l'aquedue* de la vallée d'*Alcantara*, qui fournit presque toute l'eau dont se servent les habitans de Lisbonne.

Cette vallée se trouve comme enterrée, entre deux collines pierreuses & stériles. L'aqueduc pendant un quart de lieue, qui est la largeur de cette vallée; s'étend transversalement dans toute cette largeur, depuis le sommet de la colline occidentale jusqu'au sommet opposé de celle qui est à l'orient. Il est posé sur une longue allée de pilliers quarrés, & pour vous donner une idée de ces pilliers il suffira de vous dire, que l'un de leur côté a douze fois & l'autre près de treize fois la longueur de mon épée, qui étoit le seul instrument que j'eusse avec moi pour prendre cette mesure, l'espace entre les deux pilliers du milieu est telle, tant en hauteur qu'en largeur qu'un vaisseau de guerre de cinquante Canons avec toutes ses voiles déployées pourroit y passer sans embarras. Cependant les autres pilliers n'ont pas tous les mêmes dimentions que les deux du centre. Ils diminuent graduellement & l'espace qu'il y a entre eux se rétrécit des deux côtés de la vallée, à mesure que le terrein s'éleve.

Les pilliers supportent une architrave, dont le milieu forme un Canal; dans lequel l'eau coule, & il reste assez d'espace pour que trois ou quatre hommes puissent marcher côte à côte le long de l'architrave de chaque côté du Canal, qui est vouté toute sa longueur, & garni d'espace en espace de lucarnes en forme de petits temples, chacune desquelles a sa porte, ou son ouverture assez grande pour qu'un homme puisse y passer, parvenir à l'eau, & nettoyer en cas de nécossité le fond du canal.

Cet immense édifice est bâti de beau marbre blanc qu'on a tiré d'une Carriere éloignée tout au plus de la portée d'un fusil: on m'a assuré qu'à une lieue, plus loin quelques parties de cet aqueduc participent aussi à cette magnificence; quoiqu'elles ne soient point comparables à celle que l'on voit dans cette vallée. Le tremblement de terre l'a endommagé en deux ou trois endroits, mais le dommage qu'il lui a causé a été de peu de conséquence & on n'a pas eu beaucoup de peine à le réparer. Je ne suis dans le fond point étonné qu'il ait résisté. Un tremblement de terre dont les secousses seroient assez violentes pour le détruire renverseroit certainement de fond en comble tout le Royaume de Portugal.

Lorsque l'on a une fois vu un ouvrage tel que l'aqueduc d'*Alcantara*, on ne sauroit l'oublier, car il est de la nature des objets extraordinaires de se graver dans la mémoire. J'en conserverai l'idée tant que je vivrai, ainsi que celle de la vallée qu'il a rendu célébre.

Cependant quand même cette vallée seroit denuée de ce magnifique Aqueduc; j'aurois peine à ne pas me la rappeller, à cause d'une aventure singuliere que m'y est arrivée. Mais la visite de ces deux édifices que j'ai faite à pied, & par la plus grande chaleur du jour, m'a si fort fatigué, que je remets à demain à vous en faire le recit.

LETTRE XXIV.

Lapidation dans une Vallée. Meres recommandables.

Lisbonne 7. Septembre 1760.

Tandis que je suis retenu par l'attente du barbier, je serai tout aussi bien pour passer le tems de vous racconter mon aventure d'hier dans la Vallée d'*Alcantara*.

Après avoir satisfait parfaitement ma curiosité, rélativement au superbe aqueduc, nous reprimes le chemin par lequel étions nous venus. Mais comme nous montions un des côtés du Vallon nous rencontrâmes cinq ou six hommes enveloppés jusqu'aux yeux de leurs larges manteaux, on les porte également en hyver & en été dans ce pays. Ils nous tirerent leurs chapeaux, nous en fimes de même, parce que c'est encore un autre usage suivi ici, de se donner mutuellement ce témoignage de respect lorsqu'on se rencontre en rase Campagne; Mais à peine ces drôles se furent-ils éloignés une vingtaine de pas de nous, que se retournant subitement, ils se mirent à nous jeter des pierres avec une furie & une précipitation telle, que le meilleur poëte barbarique de Majorque auroit peine à la décrire.

Que veut dire ceci? m'écriais-je, m'addressant mon hôte M. Kelly.

Fuyez si vous voulez sauver vôtre vie, me répondit-il, & mettant à profit ses jambes, il oublia pour un moment son âge & qu'il étoit plus que septuagénaire.

Que pouvois je faire, me voyant ainsi abandonné par mes troupes auxiliaires? Sauvez moi la mortification d'avouer, que je fis ma retraite avec toute la célérité qu'il me fut possible, & frustrai ainsi le dessein de ces coquins, & les fatales suites qu'auroit pu avoir cette lapidation imprevue.

A préfent, dites-moi, si vous le savez, chers freres, quel pouvoit être le motif qui les engageoit à me traiter moi & mes compagnons de promenade d'une maniere aussi barbare?

Monsieur, me dit Kelly, d'un air triomphant, vous moquerez vous encore de moi, lorsque je vous dirai que vous restez trop tard au caffé anglois? Sur mon âme vous éprouverez quelque jour ce qu'on risque dans ce pays de revenir chez soi à onze heures du soir sans être accompagné.

Mais voici le barbier, il ne faut pas le faire attendre.

Poſtcript: du ſoir. Mon hôte vous a fait entendre que j'étois assez imprudent pour passer le soir une heure ou deux dans un Caffé où se rendent des étrangers de toutes sortes de pays principalement des Anglois. Je n'y ai encore entendu aucun d'eux parler avantageusement des Portugais. Au contraire ils s'accordent tous à les peindre des plus noires couleurs, & voudroient volontiers persuader tous les nouveaux débarqués, que cette nation est la plus impolie la moins accueillante, & la plus haïssable qui se trouve sous le soleil. Cependant malgré leurs invectives j'étois jusqu'à hier au soir très-porté à adopter une idée toute contraire à celle qu'ils cherchoient à m'inculquer, leurs assertions ne me paroissant point s'accorder avec mes premieres observations passageres. J'avois remarqué que les Portugais étoient fort polis les uns avec les autres, & prompts à saluer tous ceux qu'ils rencontroient qui n'étoient pas de la lie du peuple ; qu'ils étoient admirateurs jusqu'à l'enthousiasme du beau sexe, & qu'ils le traitoient avec un agréable mélange de respect & de galanterie qu'ils avoient un goût décidé pour la musique, & étoient portés à passer les premieres heures de la nuit à chanter, & à jouer des instruments dans les rues. Je n'avois aussi rien remarqué dans leur maintien en général à l'Eglise qui méritât la moindre censure.

Ces traits caractéristiques & sensibles de l'humeur des Portugais me paroissoient au contraire incompatibles avec la trahison, & une cruauté raisonnée. D'ailleurs je connois assez les hommes pour n'être point la dupe de leur vile jalousie, & de leur penchant à insulter, & à mépriser leurs voisins souvent même sans aucun prétexte. On ne sauroit nommer aucune nation qui ait trouvé grace devant une autre, & en général elles se méprisent mutuellement. Cette brutalité universelle dont la derniere classe du genre humain se trouve enrichée m'empêchoit d'ajouter foi aux choses désavantageuses que l'on me disoit continuellement des Portugais. J'aurois même persisté dans mon incrédulité, sans cette inique lapidation, qui m'a, je pense, mis dans le cas de croire en quelque façon les reproches assez uniformes que leur font tous les étrangers qui ont résidé parmi eux.

Vous m'accuserez peut-être, de trop de crédulité, en me voyant adopter avec cette facilité apparente une opinion si peu charitable; & prétendrez que le motif qui m'y détermine est équivoque & de peu de poids. Il est certain que je désirerois moi-même pouvoir me persuader que la populace de cette nation n'est pas un composé de scélérats, & que les coquins qui m'assaillirent dans cette vallée ne devroient nullement être considérés comme les vrais représentans de leurs compatriotes; mais seulement comme un groupe de fripons qui se sont rencontrés par pur hazard.

Pour vous rendre juges compétens de cette matiere, je dois vous dire qu'hier pareillement comme nous étions en chemin pour aller voir cet aqueduc nous fumes poursuivis d'un maniere tumultueuse par une troupe d'enfans qui se tenoient à une certaine distance de nous, & nous chargeoient d'injures exécrables, dont les expressions ne sont point familieres dans les autres pays aux enfans de leur âge.

Les insultes impuissantes de ces petits gueux n'auroient fait aucune impression sur moi, je les aurois oubliées un moment après, sans une vilaine circonstance qui les accompagna. Voici qu'elle fut cette circonstance : plusieurs femmes, en entendant ces cris subits, sortirent de différens quartiers, & se joignant à ces méchans espiegles, les encouragerent, & les exciterent, à continuer leurs injures, les obligeant à nous suivre plus long-temps qu'ils ne l'auroient fait s'ils avoient été laissés à eux-mêmes. Quelques-unes de ces femmes paroissoient être leurs meres ; qu'elle idée peut-on se former d'une nation, lorsqu'on voit des meres animer leurs fils & leurs filles, les fortifier dans leur aversion pour les étrangers ; & les endurcir dans leur férocité.

Voilà jusqu'à présent les observations que j'ai faites sur la classe la plus abjecte des habitans de cette ville. Je suis porté à croire que les gens de distinction sont tout différens, & qu'ils savent ce que c'est que la politesse & l'humanité tout aussi bien que ceux de leur rang des autres nations Européennes, quoique je n'aie point oublié la stupide fierté, & l'air méprisant des deux Gentilshommes & du moine de la loge de l'amphithéatre. Quoiqu'il en soit de ce que j'en pense, ne commencez-vous pas à croire que le Portugal n'est que trop voisin de l'Afrique ?

LETTRE XXV.

Nonnes polies, projet pour rendre les filles encore plus aimables. Héroïsme d'une jeune Démoiselle.

Lisbonne 8 Septembre 1760.

J'AI visité ce matin une de ces maisons dont, il y a un si grand nombre dans ce Royaume, entretenues aux dépens du Roi. On l'appelle *Couvent Anglois*, parce que pour y être admise il faut être née Angloise. Toute jeune fille, née dans la Grande-Brétagne, qui se trouve dans ce pays sans fortune, & dont les parens ont mal fait leurs affaires dans le commerce, ou qui s'y rendent d'Angleterre pour se dévouer à la chasteté & à la retraite peuvent être sures de ne manquer de rien dans ce Monaftere. Dès qu'elles ont une fois pris le voile elles n'ont plus befoin de s'inquiéter de l'avenir.

Le nombre des Réligieufes de ce Couvent eft toujours au moins de vingt; le plus grand fouci qu'ait cette petite communauté eft de fe fournir affez de fujets pour la compléter, de peur que dans le cas où il en manqueroit plufieurs, le gouvernement ne les force à recevoir des Portugaifes; ce qui y cauferoit des diffentions & des inimitiés quelles ont fçu éviter jufqu'à préfent.

Tourmentées de cette finguliere efpece de terreur, les pauvres filles mettent leur efprit à la torture toutes les fois que la mort enleve une de leurs compagnes, & elles font tous leurs efforts pour fe procurer un fujet qui l'a remplace. Avec une pareille perfpective, vous auriez peine à concevoir les careffes qu'elles font à ceux qui les vifitent, furtout à ce qui eft de leur fexe, outre cela elles ont un commerce continuel de lettres avec leurs amis & leurs connoiffances d'Angleterre & d'Irlande; par ce moyen elles n'ont encore point manqué de parvenir à leur but, leur nombre eft toujours complet.

Quiconque parle Anglois, n'importe qu'il foit Catholique ou Proteftant, a une espece de droit de leur rendre visite à l'heure du jour qui lui plait, & tous ceux qui viennent chez elles y sont traités avec une politesse si attraiante, que leur parloir est pour ainsi dire toujours plein depuis le matin jusqu'au soir. Ces pauvres filles font des libéralités de chocolat, de gâteaux, de confitures, & des ouvrages de leurs mains à ceux qui les visitent pour en augmenter le nombre, & les engager à y revenir souvent.

En général les Réligieuses de tous les pays du monde sont douces & polies; mais celles-ci le sont sans contredit plus qu'aucunes de celles que j'ai vûes. Je ne crois pas qu'il me soit arrivé d'entendre dans tout le courant d'une année autant de choses flatteuses & agréables qu'on m'en a dit ce matin: dès qu'elles ont sçu le lieu de ma naissance; elles se sont étendues en louanges sur les grandes qualités du Cardinal Acciaioli, & sur celles des Gentilshommes de sa maison, qu'elles voyoient souvent. La nation Italienne, selon elles l'emporte sur toutes les autres, il n'en est point de plus spirituelle & de plus sage. Toutes leurs expressions paroissent dictées par la modestie, la douceur, l'humilité & la charité; je suis bien décidé à les voir le plus souvent que je pourrai, pendant le séjour

jour que je ferai encore dans cette Ville. Leur conversation enchante, rien dans leur conduite ne donne lieu à former des soupçons à leur désavantage, tout annonce au contraire la vertu la plus pure : je crois que, quand dans le fond elles seroient toutes différentes de ce qu'elles paroissent, ce qui n'est nullement vraisemblable) & qu'on seroit prévenu d'avance de la coutume qu'elles ont de flatter indistinctement tout le monde, dès qu'on a une fois fait connoissance avec elles, on finiroit toujours par les revoir avec plaisir, & à concevoir beaucoup d'attachement pour leur maison.

Le Roi, ainsi que je l'ai déja dit, leur accorde une somme qui leur fournit de quoi se pourvoir de vivres, de linge & d'habillement : par ce moyen elles se trouvent exemptes des soucis qu'éxigent les soins de se procurer les principaux besoins de la vie : cette vie cependant, même celle que menent des femmes recluses ne sauroit s'écouler d'une maniere bien consolante quand on n'a que le seul nécessaire, & il y manque quelque chose pour la rendre supportable. Ces minces superfluités que les François nomment des *douceurs* si indispensables pour en supporter les peines, sont absolument laissées à leur industrie : & elles se les procurent en partie par le travail de leurs mains, & en partie par les petits préfens qu'elles font, qu'on reconnoît souvent par d'autres libéralités. Ce font là les moyens par lefquels elles obtiennent ce chocolat qu'elles diftribuent avec profufion à leur parloir à ce grand nombre de vifitans qui y abondent en tout temps, & ces autres jolies bagatelles, qui adouciffent la dureté naturelle de leur condition. Quelques-unes d'entre elles ont de petites penfions de leurs parens & de leurs amis, & chaque individu partage cordialement, avec la communauté, tout ce qui lui eft affigné en particulier.

Comme la réputation de cette maifon n'a jamais eu aucune atteinte depuis fon établiffement, (l'on m'affure qu'il n'en eft pas tout à fait de même des Couvens Portugais) n'eft-il pas étonnant que les peres Portugais n'aient jamais penfé à y placer leurs filles pour y recevoir une éducation convenable? Une fille ainfi placée outre plufieurs avantages auroit celui d'apprendre une langue étrangere qui mérite bien la peine qu'on la fache ; rien ne contribue tant à élargir la fphere de nos idées, & à rendre une jeune femme aimable que la connoiffance des langues. Cependant, l'on m'affure qu'il y a peu de Portugais, qui fe foucient de procurer ce mérite à leurs enfans, ou qui le recherchent pour eux mêmes, à l'exception de quelques personnes de la premiere qualité : ils ont d'ailleurs une antipathie singuliere pour la langue Angloise, parce qu'il y a un préjugé dominant chez eux, que tous les Livres composés dans cette langue sont contre la religion : leur Inquisition de son côté a soin d'en empêcher l'entrée crainte d'héréfie ; & ce ne fut pas sans dispute, & sans qu'il m'en coûtât de l'argent que j'évitai la confiscation, à la douane, du petit nombre qui se trouvoient dans ma malle.

Ce Couvent Anglois m'a fait naître une idée, que je conserverai long-temps, & que je réaliserai aussitôt qu'il me sera possible. Que je devienne seulement assez riche, je fondrai alors quatre Monasteres à Turin & je les doterai assez richement pour que chacun puisse entretenir vingt Religieuses. Un sera pour des Florentines, un pour des Françoises, un pour des Espagnoles & un pour des Angloises.

Je veux me persuader, que dès que mes Monasteres seront bâtis, dotés, & remplis de sujets convenables, mes compatriotes auront assez de bon sens pour y faire élever leurs petites filles ; & par une résidence d'environ deux ans dans chaque Couvent, toutes les jeunes Piémontoises seront en état de parler quatre langues, outre la leur, ce qui les rendra les jeunes personnes les plus accomplies de l'Europe.

Mais comme je ne suis point dans l'intention de faire des Religieuses de nos jolies filles: je prétends qu'une des Loix fondamentales de mes couvens sera, qu'aucune des Religieuses ne sera ni jeune ni jolie. Il ne sera vraisemblablement pas bien difficile de se procurer de ces quatre différens pays une vingtaine de sujets qui ne soient pas de la première jeunesse, ou des femmes veuves pour completer d'abord ce nombre, & pour l'entretenir par la suite sur le même pied; je ne veux pas non plus les assujettir à la regle sévere de ne jamais sortir de leurs couvens. Elles auront un certain nombre de jours de fête; où il leur sera permis de se promener à pied ou en Voiture avec leurs éleves, & on leur procurera toutes les récréations qui ne sont pas incompatibles avec la sainteté de leur état.

Je ne doute pas que cette idée ne vous paroisse tout à fait patriotique, & digne d'être réalisée quelque part. Mais laissons-la de côté jusqu'à un temps convenable. Permettez moi de vous faire part de l'histoire de Madame Hill (l'Abbeſſe actuelle du Monaſtere Anglois) qui mérite réelement d'être ſauvée de l'oubli.

Cette Dame prit le voile dans cette maiſon, parce que je ſuppoſe que ſe trouvant dans les mêmes circonſtances que ſes ſœurs en religion, elle n'eut pas le choix d'un autre état: peu après qu'elle eut fait ſes vœux, un de ſes parens d'Irlande venant à mourir ſans faire de Teſtament, lui laiſſa comme à ſa plus proche héritiere un bien conſidérable.

Il parut que l'on ne parviendroit pas ſans de grands délais, & ſans beaucoup de difficultés à ſe mettre en poſſeſſion de cet héritage à moins que l'héritiere ne fût en perſonne en Irlande pour le réclamer. Madame l'Abbeſſe, en conſéquence, repréſenta ſon cas au Patriarche, qui avoit ſeul le pouvoir de la diſpenſer de ſon vœu de clôture, & ce Prélat (qui vraiſemblablement n'étoit ni bigot, ni ſévere) ſur ſa ſimple promeſſe de revenir dans ſon Couvent, lui permit de prendre un habit ſéculier, & de partir. Elle profita de cette liberté, arriva en Irlande, forma ſa demande, obtint l'héritage, s'en mit en poſſeſſion, & ſe trouva tout d'un coup en état de vivre à l'aiſe, & même avec magnificence dans ſa patrie.

Vous avouerez que dans une pareille situation il faut bien du courage pour résister à la tentation de rester où l'on se trouve, surtout lorsque j'ajouterai qu'elle n'avoit pas encore vingt trois ans accomplis, & qu'elle étoit d'une figure agréable. Cependant si elle fut tentée, elle le fut en vain, car elle vendit ses terres le plutôt qu'il lui fut possible, & fidele à ses vœux & à sa promesse, elle se hâta de revenir dans son Couvent avec son argent, qu'elle employa de façon à contribuer libéralement aux aisances & aux commodités de sa communauté chérie.

Cette action est-elle d'une femme ! Cette supériorité aux vanités mondaines, & cette fidélité pour un engagement onéreux se sont cependant trouvées habiter une âme femelle ! Quel est le moine qui dans de pareilles circonstances se seroit comporté aussi noblement, & auroit repris ses fers quoique moins pesans, après une aussi heureuse délivrance ? Je ne répondrai point par égard pour mon séxe à cette question ; je terminerai seulement l'histoire de Madame Hill, en vous apprenant, que ses compagnes, frappées d'admiration ainsi que de reconnoissance, l'élurent immédiatement après supérieure, & n'ont cessé depuis de rendre l'hommage si justement dû à sa constance inébranlable.

LETTRE XXVI.

Capucins Italiens. Poissons singuliers.

Lisbonne 9 Septembre 1760.

Il est inutile de vous dire, que la Couronne de Portugal possède plusieurs Colonies d'outre mer, dont les habitans ne sont pas à beaucoup près tous chrétiens ; & qu'on a fait tous les efforts possibles ces deux ou trois derniers siecles, pour les ramener au giron de l'Eglise, en partie par des actes très-condamnables de violence, & en partie par la voie plus honnête des Missionnaires qu'on y a envoyés pour tâcher de les tirer de leur ignorance & de leurs erreurs.

Parmi ces Missionnaires, les Capucins ont passé depuis long-temps pour les convertisseurs les plus zélés, & les plus adroits. Mais comme leur ordre n'a jamais été établi dans ce Royaume, les prédécesseurs du Roi regnant jugerent à propos d'en faire venir un certain nombre des pays où ils se trouvent habitués, surtout de France & d'Italie, où il y en a plus qu'on n'en peut employer.

Je m'imagine qu'il ne fut pas bien difficile au premier Monarque de Portugal, qui forma ce projet, de le mettre en exécution, & d'obtenir du Pape & de leur Général la permiſſion d'importer dans ſon Royaume tous les Capucins dont il croiroit avoir beſoin. Ce deſſein une fois formé, il en paſſa ſucceſſivement & ſans interruption une grande quantité; & comme ils furent dans la néceſſité d'apprendre le Portugais avant que d'être tranſportés à leurs miſſions reſpectives; ils furent, à leur arrivée, diſtribués dans les différens couvens des Franciſcains; qui ne different pas beaucoup des Capucins, car il n'y a d'autre différence dans leurs inſtituts reſpectifs que celle de conſerver ou de ne point conſerver la barbe.

Cette répartition de Capucins chez des gens qui ſe raſoient le menton, & qui avoient un peu de jalouſie de la réputation de ſainteté que s'étoient acquiſe ces nouveaux débarqués produiſit quelques inconvéniens: pour y obvier le feu Roi prit le parti de fonder deux nouvelles maiſons dans ſa Capitale l'une pour les Capucins François, & l'autre pour les Italiens; afin que les
deux

deux ordres puſſent vivre conformément à leurs regles particulieres, qu'ils dépendiſſent uniquement de leurs propres ſupérieurs; & fuſſent dirigés par eux pour l'aquiſition prompte des connoiſſances néceſſaires à leur Miniſtere dans les régions éloignées.

Dès que j'entendis parler de ces deux Couvents & de leurs religieux; je me ſentis ſur le champ animé du déſir de viſiter un nombre de compatriotes raſſemblés en corps: pour y ſatisfaire, j'envoiai hier Baptiſte au pere Gardien des Italiens, pour le prier, pour peu que ma demande ne fût point contraire à leurs uſages, ainſi que je le penſois, de me donner à diné le jour qui lui conviendroit au réfectoire avec tous ſes moines & de me permettre de paſſer enſuite la journée avec eux.

Il m'accorda ſur le champ ma demande, & le bon Gardien ne voulut pas renvoyer à plus loin qu'aujourd'hui à me ſatisfaire. En conſéquence ce matin à dix heures je m'y ſuis rendu, après avoir eu ſoin de faire remplir le caiſſon de ma chaiſe de bouteilles de vin de Bordeaux en reconnoiſſance de leur politeſſe. Je me propoſois par ſon moyen de les mettre en belle humeur; je ſavois qu'ils goûtoient rarement de pareille liqueur.

J'ai trouvé le *Gardien* à la porte, prêt à me recevoir; il m'a embrassé très-cordialement, & m'a assuré qu'il étoit charmé de cette agréable visite, (ce sont ses propres termes.) Dans un moment j'ai eû toute la communauté autour de moi, elle consistoit en quinze ou seize moines, tous entre deux âges, sains & gais. J'avoue que j'ai été enchanté de donner la main à un si grand nombre de mes compatriotes, & d'entendre les sons de ma langue maternelle formés par tant de bouches. Ils m'ont conduit directement à l'Eglise, où l'on a eû bientôt dit un *Pater* & un *Ave*; ensuite nous avons visité la maison, depuis la cuisine jusqu'à la bibliotheque.

Le Couvent est situé sur une éminence à cette extrêmité de la Ville qui est la plus éloignée de la mer, la vue n'en est point inférieure à celle qu'on découvre de la maison des Dominicains d'*Almada* de l'autre côté de la riviere.

Les habitations des Capucins en Italie, sont généralement étroites, pauvres, & sans ornémens: mais celle-ci est tout à fait différente, le Roi qui l'a fondée n'a rien épargné pour la rendre agréable aux étrangers auxquels il la destinoit. Leur Eglise est belle, richement décorée, leur dortoir, & leur réfectoire sont spacieux, & élevés, leurs cellules pourroient très-bien paſſer pour de bonnes chambres, le plafond de leur bibliotheque eſt libéralement partagé de Stuc, & les tablettes de ſculpture, les bois les plus précieux du Bréſil y ont été prodigués ainſi que dans tout le reſte de la maiſon.

Quand aux Livres qui ſe trouvent dans la bibliotheque, il n'y en a pas encore la dixieme partie de ceux qu'elle pourroit contenir. Vous concevez aiſément que la majeure partie de ceux qu'elle renferme ſont de nature à ne pouvoir jamais prétendre à l'honneur d'être admis parmi les ouvrages des philoſophes de notre ſiecle. Quelques Peres Latins, ſimplement reliés ſont le fondement & le plus de figure dans cette Collection, viennent enſuite pluſieurs théologiens ſcholaſtiques, & pluſieurs Caſuites ſuivis d'un grand nombre d'aſcétiques, il y a auſſi pluſieurs Sermonaires Italiens & Portugais, parmi leſquels *Ségueri* & *Vieyra* tiennent le premier rang. Une petite tablette eſt occupée par des Manuſcripts, conſiſtant principalement en Catéchiſmes, & en Livres de prieres en différens idiômes des Indes & d'Afrique. Avec quelques Grammaires & Dictionnaires aſſez imparfaits, ou plutôt des Nomenclatures de ces idiomes, compilées par les premiers Missionnaires, & qui y ont été déposés à l'usage de leurs successeurs, pour leur en faciliter ces premiers élémens avant qu'ils partent pour les régions éloignées, où ils sont envoyés après une résidence de peu de mois en Portugal.

Après avoir passé deux heures entieres dans cette bibliotheque; la cloche nous a appellés au réfectoire. Au moment où nous y entrions les moines se sont rangés sur deux files vis à vis les uns des autres, & ont récité d'un ton sonore une longue priere, ceux d'une des files répondant alternativement à ceux de l'autre avec une solemnité & une dévotion fort édifiantes.

Nous nous sommes mis après cette priere à une table qui occupe tout le haut du réfectoire, & a la forme de la lettre Greque п. On m'a donné la place d'honneur, c'est-à-dire celle du centre, le *Gardien* s'est placé à ma droite, le Vicaire à ma gauche; & les autres moines des deux côtés, à l'exception du plus jeune, qui est monté dans une chaire, & s'est mis à lire un compliment latin composé dans la matinée, à l'honneur de vôtre frere. J'ai été obligé de l'écouter jusqu'au bout; malgré tous les efforts que j'ai fait pour en interrompre le fil; & mes prieres réitérées de vouloir bien me traiter en compatriote &

avec moins de façon. C'est ce pendart de Baptiste, qui a fourni à l'orateur son sujet; je m'en suis douté dès l'instant que je me suis apperçu qu'il écoutoit à la porte, riant de tout son cœur de ma confusion & de mon décontenancement; je l'en ai puni en lui donnant un bon coup sur l'épaule à mon retour au Logis, où je l'ai entendu s'applaudir en présence de Kelly de son heureuse invention.

 Le *Gardien* ayant dispensé du silence en ma faveur, nous nous sommes tous mis à l'ouvrage avec grand appétit; & quoique je me fusse clairement expliqué par mon message d'hier sur le repas auquel je m'attendois, le pere Cuisinier a jugé à propos pour cette fois de s'écarter de sa méthode journaliere, & nous a servi autant de ragouts Italiens & Portugais qu'il lui a été possible. Nous avons été extrêmement gais pendant tout le dîné; les plaisanteries tant bonnes que mauvaises ont été continuelles, & la bouteille a circulé avec autant de promptitude que si le *Gardien* & le *Vicaire* eussent été en Asie. Ils m'ont même obligé à leur chanter une chanson dans une langue dont aucun d'eux n'entendoit un seul mot. Nous sommes demeurés à table une heure de plus que ces peres n'y auroient été fans moi, & le repas s'eſt terminé par une feconde priere latine.

Cette grande affaire étant terminée, ils m'ont conduit au jardin, qui a près d'un demi mille de circonférence, parfaitement bien entretenu, & rempli des fruits les plus exquis. Il eſt ſitué fur un terrain en pente: du côté le plus élevé ſe trouve un étang aſſez ſpacieux, habité par une eſpece de poiſſons que l'on ne rencontre nulle part que chez eux, à ce qu'ils prétendent. Ce poiſſon, autant que j'ai pu le voir, a environ deux palmes de longueur, & la moitié de largeur, avec une excreſcence aſſez conſidérable; il n'eſt point bon à manger comme les autres: mais ce que vous apprendrez avec étonnement, c'eſt qu'il eſt ſi gai de ſon naturel qu'on ne ſauroit le concevoir. *Poiſſons, poiſſons?* a crié le Gardien, *venez diner, venez, venez.* Ces animaux, ont commencé à ſe montrer, ont fauté & ſe ſont démenés dans l'eau, ſe ſaiſiſſant des morceaux de pain qu'on leur a jetés & ont enſuite été ſe cacher. Cette ſçene m'a fait le plus grand plaiſir. J'ai propoſé que quelqu'un de la Compagnie leur fit un ſermon, ne doutant pas qu'ils ne reparuſſent, & n'imitaſſent l'exemple de ceux de la mer Adriatique en certaine occasion. Les Peres ont saisi la plaisanterie, ont souri, & ont paru étonnés de ce que je n'avois pas oublié pendant ma longue absence de ma patrie, mes jolis contes Italiens.

Après cela nous avons joué aux boules sous des treilles de raisins, sans cesser pour cela de causer. Ce qui m'a fait le plus de plaisir a été la traduction d'un des Chants de la *Jérusalem délivrée* en idiome génois, qu'un des peres a lu à la compagnie. Il nous a dit que cette traduction étoit une production de sa premiere jeunesse, elle m'a parue excellente dans son genre. Tous ces Capucins sont sujets de la République de Gênes: au commencement de cet établissement il étoit composé de moines tirés indistinctement des différentes Provinces d'Italie; ce mélange eut des inconvéniens, & on jugea à propos peu après d'y remédier.

Vers le soir, j'ai pris congé en faisant à ces peres mille remercimens de leur politesse, & de leur bon traitement, j'ai été suivant m'a coutume au Café, & de là chez moi où j'ai écrit cette lettre: à présent je n'ai autre chose à vous dire, sinon que demain j'entreprendrai le Voyage de *Mafra*, de *Cintra* & de quelques autres endroits du voisinage.

LETTRE XXVII.

Courte excurſion. Mauvais logemens. Actions de grace à l'Aurore.

Cintra 11 Septembre 1760.

CEUX qui ne ſe ſont jamais éloignés de vingt milles de chez eux, s'imaginent ordinairement que rien n'eſt ſi agréable que les Voyages : je voudrois que ceux qui penſent ainſi voyageaſſent en Portugal ; s'ils ne changeoient pas de ſentiment après avoir fait cet eſſai je me ſoumettrois à manger des chardons & des épines.

J'ai quitté Lisbonne depuis deux jours : parce que je me ſuis laiſſé entrainer par l'envie que j'avois de voir *Mafra* & *Cintra* : je paie cherement ma folie, car j'ai ſouffert plus de miſere pendant ces deux jours, que jamais aucun mortel n'en a enduré pendant deux ſiecles. L'expreſſion vous paroîtra ſinguliere ; mais vous ſavez que les ſouffrances portent à éxagérer.

La rélation déplorable des fatigues & des tourmens que j'ai eſſuiés pendant ces deux jours vous parviendra par le moyen de cette lettre, que je vous écris d'une chambre à rez de chaussée faisant partie d'une maison à moitié détruite; connue dans ce pays pour une hôtellerie, & qui ne passeroit par tout ailleurs que pour un rendez-vous de sorciers.

Les meubles de cet apartement consistent en trois Machines, la premiere est un morceau de sapin grossierement creusé, qui au moyen de trois bâtons tortus a obtenu le nom de chaise, la seconde est une vieille table branlante, unie comme une rape, & la troisieme un morceau de toile sâle & grossiere, étendue sur le plancher poudreux, composé de briques cassées, qui est le meilleur lit que puisse fournir l'hôtellerie, ô malheureux os qui avez si fréquemment craqués cette nuit sur cette couche pierreuse de Mafrà! comment vous empêcherais-je dans un moment, de vous briser lorsque vous serez étendu sur ces briques inégales, où la fatigue me force de me coucher!

Mais permettez que je commence ma triste Chronique depuis hier matin, & que je la conduise par ordre jusqu'à la lamentable soirée d'aujourd'hui, & tandis que je prends une prise de tabac pour animer ma narration, prenez vous même quelques cordiaux pour que le courage ne vous manque pas pendant que vous la lirez.

Ainsi donc, hier matin, un peu avant sept heures, je me mis dans ma chaise, suivi du vieux Kelly à cheval & je partis pour *Mafra* : mais mes Mules s'acheminerent si gravement & si magistralement qu'il étoit plus de midi lorsque nous arrivâmes à un Village nommé *Cabera*, éloigné d'environ dix milles de Lisbonne.

Nous nous arrêtâmes devant l'hôtellerie de *Cabera* dans le dessein de diner supposé qu'il y eut de quoi (44). Un petit drôle

(44) Il éxiste un proverbe bien vrai, c'est que les voyageurs ont besoin d'un grand fonds d'argent & de patience; mais ces deux choses sont particuliérement nécessaires à ceux qui voyagent en Portugal & en Castille. Ordinairement on entre dans les hôtelleries par l'écurie. On vous mene dans une chambre ou vous trouvez les quatre murs, quelque-fois un bois de lit. Pour chandelle on allume une petite bougie qui donne à peine assez de lumiere pour voir ce qu'on mange, & pour que la fumée de cette bougie ne vous empoisonne pas, on vous apporte, si vous le souhaitez, un brasier de noyaux d'olives. Pour l'ordinaire on n'entre dans aucun logis pour diner. On s'arrête en pleine Campagne à l'ombre de quelqu'arbre, ou au bord d'un ruisseau, & l'on mange ce qu'on a eu soin de porter. A quelque heure que l'on arrive dans une auberge, on n'y trouve jamais rien de prêt; l'hôte ne vous donne que le couvert & le lit; pour tout le reste, il faut l'envoyer chercher. Les lits ne sont pas fort ragoutans, quelques matelats, une paillasse, ou tout au plus une couverture de Coton; à la Campagne, il faut passer la nuit sur le carreau, ou bien sur quelques bottes de paille qu'on doit avoir soin de faire

vint à nous d'un air gracieux & nous conduisit dans une chambre, qui auroit fort bien secouer pour en chasser la vermine. Les hotes sont pour la plupart des misérables qui n'ont ni bien ni honneur, qui friponnent les passagers tant qu'ils peuvent, & tout ce qu'ils attrapent est de bonne prise. A la vérité il y a quelques bonnes auberges dans les grandes villes telles que Lisbonne, Séville, Madrid, Cadix, mais ce sont des Français ou d'autres étrangers qui les tiennent. Comme ce pays n'est pas à beaucoup près aussi peuplé qu'il pourroit l'être, on fait quelques fois cinq ou six lieues sans trouver d'hôtelleries pour se rafraichir, & souvent une journée entiere sans rencontrer autre chose qu'une seule *Posada*. Quand un Espagnol ou un Portugais voyage, il a toujours sa provision avec lui, & c'est la maniere la plus sure pour ne pas mourir de faim en chemin.

Une autre chose à laquelle il faut que les voyageurs prennent garde est la douanne, l'Espagne & le Portugal sont divisés en plusieurs Provinces qui forment pour ainsi dire un petit état à part; chaque fois que l'on passe de l'une à l'autre, il faut avoir des démêlés continuels avec les douanniers, consigner entre leurs mains ce que l'on porte, & payer les droits qu'ils éxigent à volonté. Cette dépense va fort loin, tant parce qu'elle revient souvent, que par l'avarice des douanniers qui confisquent tout l'équipage d'un étranger pour la moindre misère contre les ordonnances, fût-on muni d'un passeport du Roi. Il y a même quelques Provinces, où l'on ne permet pas de porter au delà d'une certaine somme d'argent hors les frontieres, il faut donc prendre des lettres de change, & il y a toujours à perdre sur le change: mais surtout malheur à l'imprudent honnête homme, dans la valise duquel ces commis affamés trouveroient quelques livres suspects au Saint Office.

bien pu loger un Bohémien ou un juif, si elle n'avoit pas eu trop de clarté, la lumiere y entrant par les fentes du plafond ou du toit, & si elle n'avoit pas été un peu plus mal pavée que le grand chemin.

Je m'imaginois d'abord que le petit homme gracieux s'étoit trompé, & qu'il nous avoit pris Kelly & moi pour les mules, & les mules pour nous, je sortis pour voir où on les avoit placées; & je trouvai qu'on les avoit réelement mises dans un appartement beaucoup plus grand & plus propre que le nôtre, je ne jugeai pourtant pas à propos d'en changer, parce que si le nôtre avoit un toit percé, le leur n'en avoit point du tout.

Nous n'aurions rien eu qu'on pût manger, ni rien qu'on pût boire, si Kelly n'avoit engagé sa femme, à tout événement, à mettre quelque chose de meilleur que de la paille dans le Caisson de la chaise: en conséquence la bonne femme y glissa un pâté de pigeons, un dinde rôti, & une langue de Barbarie, qu'elle accompagna d'une demie douzaines de bouteilles d'excellent vin. Au moyen de ces provisions nous fimes échouer le projet de l'hôte de *Cabeza*, qui avoit compté nous empoisonner avec son lard rence & une volaille que mon Négre trouva tout aussi tendre que la queue d'un vieux crocodile. Les malheureux ! méfiez-vous des gens d'un abord gracieux qui fourient toujours !

A la nuit nous arrivâmes à *Mafra* éloigné d'environ huit mille de *Cabeza*. Tout le pays depuis Lisbonne jufqu'à *Mafra* (à l'exception de très-peu d'endroits) peut fort bien difputer de ftérilité avec tous les deferts de la Nubie.

Le foupé que l'on nous y fervit ne le cédoit en rien au diné de *Cabeza* : heureufement notre dinde n'avoit encore perdu qu'une aile & une cuiffe, & il nous reftoit les deux tiers de notre pâté.

Mais lorfqu'il fut temps de fe coucher, qui pourroit exprimer ce que j'eus à fouffrir ! on me conduifit dans une chambre, dont le toit étoit ouvert d'efpace en efpace. Dans cette chambre fe trouvoit un lit, lequel quoique moins vafte que l'Amérique, étoit cependant peuplé de plufieurs nations fauvages répandues fur toute fa furface toutes noires, & toutes auffi agiles qu'aucun Indien.

Je vous laiffe à penfer s'il me fut poffible de fermer les yeux un feul moment pendant toute la nuit au milieu de cette multitude d'ennemis ! Lucide Aurore ! Je te rends d'humbles graces de ton apparition matinale qui m'a tiré de cette déplorable couche. Je reconnoîtrai par la suite que le peu de chair & de sang qui j'ai sauvés de cette horrible mêlée sont un de tes présens; je te dois encore l'appétit qui me permit de manger la moitié d'un melon à mon déjeuné.

Après ce repas, je visitai le Couvent Royal, dont je vous ferai demain la description, si je peux me relever vivant de dessus ce morceau de toile où je vais me coucher par l'impossibilité où je me trouve de demeurer assis.

LETTRE XXVIII.

Promontoire de la Lune; Ouvertures, ouvertures, encore ouvertures. Singuliere promenade du soir. Joyeux Diné. Argent glissé à une Marie Magdeleine pour une très-bonne raison.

Cintra 12 Septembre 1760.

J'AI eu le bonheur, & la prévoyance de m'être assuré d'un bon lit, j'ai d'ailleurs passé ma journée si agréablement, que la toile fâle, & les briques inégales font déjà oubliées. Ainfi va le monde, Il y regne une viciffitude continuelle le mal fuccede au bien, & le bien au mal.

L'ordre naturel des chofes femble éxiger une defcription du Monaftere Royal: mais ce que j'ai vu dans la journée m'occupe davantage, & l'impatience que j'ai de vous communiquer une partie du plaifir que j'ai eu, me fait tranfgreffer fans héfiter les loix de fidele hiftorien.

J'ai quitté ce matin de bonne heure cette place, fuivi de mon fidele *Kelly*. Laiffant les mules & le cheval à l'hôtellerie, chacun de nous eft monté fur un âne; & nous avons grimpé de cette maniere une montagne haute & efcarpée pour aller voir une maifon de Hiéronymites qui eft fituée à fon fommet.

Ce Couvent pouvoit contenir ci-devant environ une douzaine d'habitans; à préfent il n'en a que cinq ou fix parce qu'une partie de cette habitation a été détruite par le tremblement de terre. Ce qui en eft refté confifte en cinq ou fix chambres, foutenues par un portique, qui entoure une Cour. Cette Cour eft pavée en échiquier avec des carreaux de fayance bleu, & blanc, & difpofée de maniere à ramaffer toute l'eau de pluie, qui fe conferve dans une Citerne au deffous. Les murs du portique font pareillement incruftés de carreaux de ces deux couleurs.

On a une vue fort étendue des fenêtres de cette maifon; le fommet de la montagne fur laquelle elle eft fituée étant plus élevé d'un mille que le niveau de la mer. Les yeux fe promenent librement fur une immenfe étendue de pays, dont il n'y en a que trop de ftérile.

Les parties du milieu de la montagne, paroiffent compofées d'une innombrable quantité de rochers brifés, dont quelques-uns font auffi gros que des maifons. Parmi ces rochers d'efpace en efpace les Peres ont cultivé plufieurs petits morceaux de terre, qui fourniffent à leur petite communauté tous les légumes & tous les herbages qu'elle confomme: c'eft dommage qu'aucun arbre fruitier n'y puiffe croitre à caufe de l'âpreté de l'air, & des brouillards froids, de forte qu'on eft obligé de tirer journellement de *Cintra* les fruits, ainfi que les autres provifions dont on y fait ufage, qui y font tranfportés fur le dos des ânes que le Couvent entretient pour cet effet. Outre les herbages & les légumes. On y cultive encore du bled de Turquie, dont

dont on fait des gâteaux de très-bon gout pour les moines & ceux qui les visitent; le surplus sert à engraisser la Volaille.

Il n'y a d'autre chemin pour parvenir au haut de la montagne que le sentier par lequel nous nous y sommes rendus, l'autre côté est un rocher inaccessible aux chevres même.

Comme l'Eglise & le Couvent avoient été dans l'origine très-solidement bâtis, le tremblement de terre ne fût pas assez fort pour les abattre entiérement quoique les secousses en fussent aussi violentes ici, qu'en aucun autre partie du Royaume; aucun des moines ne périt; quoique toute la montagne fût horriblement ébranlée. L'Eglise se trouve placée au même endroit ou étoit auparavant un Temple Romain consacré à la Lune, le nom de *Promontoire de la Lune* en est resté à cette montagne; cet échantillon d'érudition me fut communiqué, par un des Moines (45).

Nous sommes restés environ deux heures dans cette maison; nous sommes descendus ensuite la montagne à pied, le Negre chassant nos ânes devant nous. Environ au milieu de la descente, j'ai loué un second guide, pour nous conduire à une autre mon-

(45) Voyez la Note 24. page 110.

Tome I. K

tagne éloignée de près de deux lieues de celle-ci. Il nous a fait passer à travers un pays où l'on ne découvre aucune route il est presque entiérement couvert de morceaux détachés de rochers, dont une partie n'est que bruyeres, & le reste terrain sablonneux. Nous avons pourtant rencontré d'espace en espace quantité de sapins & de liéges mêlés d'un petit nombre de chênes & d'autres plantes, qui contribuent à former plusieurs points de vue très-champêtres.

L'endroit où nous allions, est situé au sommet d'une autre montagne non moins élevée que le prétendu Promontoire de la Lune, que les Portugais nomment *Cabo de Roca*, & les Anglois le *Roc de Lisbonne*. Vous vous rappellez, j'espere, ce *Roc* & le plaisir que j'eus lorsque je le vis pour la premiere fois: c'étoit le *Couvent de Liége* qui se trouve à sa cime que je voulois visiter; nous n'y sommes parvenus, qu'avec peine, parce qu'il nous a fallu suivre un sentier détourné très-raboteux & escarpé, entouré de précipices, qui demandoient toute notre attention & celle de nos ânes pour nous empêcher d'y tomber.

Le *Couvent de Liége* n'est proprement qu'un hermitage; & il n'y a qu'un seul sentier qui y conduise sous une espece d'arcade taillée irrégulièrement par les mains de la nature au travers d'un rocher. Cette arcade est à environ deux cent pas au deſſous de l'hermitage, toutes les autres parties qui avoiſinent ce ſommet ſont abſolument deſtituées de tout ſentier, & on ne ſauroit y grimper.

Nous avons laiſſé près de cette arcade nos ânes ſous la garde de notre guide, & avons monté à pied le reſte de la montagne. Ici, ô vous Chaſtes ſœurs! J'invoque votre aſſiſtance. Aidez moi à décrire d'une maniere convenable la ſituation la plus ſinguliere, la plus champêtre, la plus ſauvage, & la plus agreſte que j'aie jamais vue.

Les hermites nous avoient apperçu de loin; ils étoient prêts à nous recevoir. Nous les avons ſalués, nous nous ſommes donné la main, & avons parus auſſi familiers que ſi nous avions été intimes amis depuis bien du temps. Le ſupérieur nous a demandé ſi nous avions diné: lui ayant répondu que non, il a ordonné à un de ſes moines de nous préparer quelque choſe le plus vîte qu'il pourroit. Enſuite il nous a mené viſiter l'habitation, qui commence par une Cour plate & irréguliere qui a environ quarante verges en quarré.

Vis à vis de la Cour eſt un rocher énorme percé de différentes manieres; & ces différens trous, cavernes, ou ouvertures forment l'hermitage. L'Eglife eft un trou, la Sacriftie un trou, le confeffional un trou, la cuifine un trou, le dortoir un trou, chaque Cellule un trou, les portes & les fenêtres de tous ces trous, ne font eux mêmes qu'autant de trous : mais ceux qui forment les portes des Cellules font fi étroits, que fi un de ceux qui l'habitent y devenoit hydropique, il ne pourroit plus en fortir : les Cellules font elles mêmes fi petites, qu'un moine d'une taille un peu avantageufe ne fauroit étendre fes jambes dans fon lit. Cependant ils y couchent fur des paillaffes après avoir pris foin de fermer ce qu'ils appellent affez improprement leurs portes & leurs fenêtres avec de petites planches.

Il n'y a pas un feul de ces trous qu'on puiffe dire être fpacieux. Le plus grand eft celui qu'ils nomment *Cuifine*. Un cuifinier François feroit fcandalifé d'entendre proftituer un mot fi refpectable ; mais les moines ne font pas fi fcrupuleux. La fumée de cette Cuifine s'évapore par un trou cylindrique placé au deffus de la cheminée.

Réelement, il faut que mere Nature fût en gaieté, lorfqu'elle fe mit dans la tête de former un lieu fi fingulier. Vous ne fauriez concevoir le peu de fecours qu'elle a emprunté de l'art pour le rendre propre à loger ses habitans. Le tremblement de terre l'a furieusement secoué; & même, à ce qu'on m'a assuré, avec violence: ses efforts ont cependant été vains, & je ne m'en étonne point. La démolition de l'hermitage ne sauroit s'effectuer que par la chûte de la montagne.

Ce qui ajoute à la singularité de cette production de la nature; c'est que chaque partie de l'édifice est couverte de liége, les murs, les planchers, & tout le reste. C'est par cette raison que les matelots Anglois le nomment *le Couvent de Liége*. Ce Liége prévient les mauvais effets de l'humidité, qui auroit sans cela de tristes conséquences, les murs se trouvant par intervalle tapissés d'une mousse déliée, & l'eau distillant à petites goutes au travers des pores du rocher.

De l'hermitage on descend par une rangée de degrés irréguliers jusqu'à une piece d'eau, & aux différens jardins. Assez près de cette eau est un autre trou, dans lequel l'un de leurs prédécesseurs a eu la patience de passer les vingt dernieres années de sa vie, sans jamais le quitter. Du moins c'est ce que l'on apprend d'une inscription placée au dessus de ce trou; absurdement étayée du témoignage des moines mêmes, qui sont tous plus modernes de deux siecles que l'infcription, je fouhaiterois fort qu'elle difparût pour leur propre intérêt, l'hermitage n'a pas befoin de cette fauffeté pour engager à le vifiter. Aucun être vivant n'a jamais pu habiter ce trou pour plufieurs raifons qu'il eft inutile de détailler.

J'ai dit qu'il y avoit une piece d'eau fur cette éminence, qui fertilife plufieurs morceaux de terre. Les moines font tous jardiniers, & ont plufieurs efpeces de végétaux en grande abondance; mais point de fruits. Ils nomment en badinant ce nombre de marches qu'ils defcendent pour fe rendre à cette piece d'eau leur *promenade du foir* ; & fi l'on fait abftraction de la fatigue qu'on éprouve en defcendant par cette route raboteufe, c'eft réelement une promenade agréable, ombragée de plufieurs arbres, & de nombre d'Arbuftes.

Après avoir entiérement vifité l'hermitage nous avons été diner. Au milieu de ce trou décoré du titre de Réfectoire, fe trouve une pierre, qui fert de table, toutes les fois que la pluie oblige les moines à fe mettre à couvert pour manger; mais comme il faifoit très-beau aujourd'hui, nous avons préféré de diner dans la cour. Ce jour étant un jour maigre on nous a fervi un grand plat de morue, très-bien affaifonnée à la maniere du pays avec de l'ail & du *piment*, une copieuse salade, du fromage Hollandois, des poires, des pommes, des raisins & des figues dix fois plus que nous n'en aurions pu manger, de bon pain & d'excellent vin. Pendant le repas les hermites n'ont cessé de s'entretenir gaiement avec nous; ils nous ont parlé des différens Anglois, & des Dames de cette nation qui leur avoient rendu visites, nous versant très-fréquemment à boire. Le vin nous invitant à en faire usage, nous avons bu à la santé des Dames Angloises.

Ces hermites sont Franciscains, par conséquent il leur est défendu de toucher de l'argent; mais ils ont un Tableau représentant *Marie Magdeleine* placé au dessus d'un espece d'autel dans l'Eglise; & on glisse adroitement une piece d'argent dans le tronc de cette sainte: il seroit impossible, sans ce secours, à cette communauté de régaler le grand nombre de gens qui leur rendent visite; & de donner à manger à cette multitude de pauvres qui s'y rendent partie par dévotion, & partie pour se procurer un repas. Ils permettent aux Dames lorsqu'elles sont accompagnées de Messieurs de visiter l'hermitage, mais point quand elles sont seules; & quand aux femmes du commun on ne leur permet point d'avancer plus loin que l'arcade fus-mentionnée. Si ce n'est aux grandes folemnités.

Nous avons pris congé de ces peres environ une heure après dîné, & avons été rejoindre nos ânes qui avoient eu tout le temps de brouter les chardons des environs, tandis que le Negre & notre guide fe régalerent joyeufement de harangs, de fromage & de fruits qu'un pere avoit pris la peine de leur porter, & qu'il avoit accompagné d'une quantité raifonnable de pain & de vin.

A préfent je peux affurer avec vérité que j'ai vu la folitude la plus extraordinaire qui ait jamais été habitée par des mortels: parmi l'affemblage le plus charmant de pierres, de rochers, d'arbres & d'arbuftes que l'on puiffe s'imaginer, on découvre une vue très étendue, & très-furprenante; puisque l'on apperçoit une partie confidérable de l'Océan avec nombre de châteaux & d'habitations à l'embouchure du Tage, les toits du Monaftere Royal de *Mafra*, plufieurs villages & hameaux, ainfi que nombre de chaumieres ifolées le long d'une chaine de montagnes inégales, dont quelques unes font entierement pierreufes & ftériles; quelques autres ombragées de chênes, de fapins, & de liéges. Il y en a qui font couvertes de vignes, d'oliviers,

de

de citronniers & d'orangers; outre quantité d'autres plantes de toute espece.

LETTRE XXIX.

Grand nombre de gents occupées dans une vaste maison. Excellence de la figure circulaire. Galanterie d'un Roi dévot.

Lisbonne 13 Septembre 1760. avant midi.

ME voici de retour, prêt à vous faire la description de *Mafra* & de *Cintra*.

Mafra est un village si peu considérable, que son nom auroit à peine trouvé place dans une Carte du Portugal, si l'Edifice immense que le Roi Jean V. pere de S. M. actuellement regnante, a fait bâtir à une portée de mousquet de ce village, ne le rendoit remarquable.

Cet édifice, qui est parfaitement quadrangulaire consiste en une Eglise, en deux appartemens Royaux, & en un Couvent. L'Eglise & les appartemens en prennent une moitié, & le Couvent prend l'autre.

L'Eglise est placée au milieu de la facade principale du côté du village, & est assez spacieuse pour pouvoir contenir plus de mille personnes, sans y comprendre le chœur. Mais elle est si sombre, que l'on ne sauroit découvrir du premier coup d'œil toutes les belles choses qu'elle renferme, cela fait de la peine ; car on n'a épargné ni l'or, ni l'argent, ni le bronze, ni les marbres les plus rares, ni même les pierres précieuses pour en faire un objet d'admiration & de surprise.

Il s'y trouve plusieurs autels, très-riches. Le principal est orné d'une statue, & de quantité de grands Candelabres d'argent massif ; ainsi que de tant d'autres ornemens d'un si grand prix, qu'il coûte (à ce qu'on assure) un demi million de Crusades (45) ; ce que je n'ai pas de peine à croire.

Il y a aussi six orgues, trois de chaque côté ; dont il n'y a encore aucun d'achevé, lorsqu'ils le seront il sera assez curieux de les entendre toucher. L'on prétend qu'ils produiront un effet très-agréable ; je n'en suis pourtant pas bien sûr, je redoute la confusion. L'Eglise ne me paroit pas assez vaste pour pouvoir supporter cet assemblage de sons. Je peux cependant me tromper.

L'un des deux appartemens Royaux, ce-

(46) Crusade, Monnoie de Portugal valant environ 47 sols.

lui qui est à gauche en entrant dans l'Eglise, s'appelle *Appartement de la Reine*, & celui à droite *Appartement du Roi*. Ils sont tous deux assez vastes pour pouvoir loger commodément leurs Majestés, & les gens de leur suite. Chacun de ces appartemens consiste en une longue enfilade de chambres, de cabinets & de salles, & ils se communiquent par le moyen du passage qui traverse une partie de l'Eglise. J'ignore comment ils sont meublés; parce qu'on les démeuble dès que leurs Majestés les quittent. Les deux escaliers principaux qui conduisent aux appartemens sont bien éclairés, suffisamment larges, & très-doux.

Chacun des coins de cette façade principale soutient un dôme qui a un peu la forme d'un pavillon. Ces pavillons vûs à une distance convenable produisent un bel effet, & contrastent étonnamment bien avec le dôme du milieu, & les quatre clochers de l'Eglise.

L'ensemble de cette façade principale est réellement aussi élégante qu'on peut le désirer. La porte du milieu a de chaque côté une colonne isolée d'une sorte de granit trouvé quelque part dans ce pays, qui est très-peu inférieur à celui d'Egypte. Chaque colonne est d'une seule piece, & elles ont chacune trois brasses de circonférence.

A chaque côté de cette porte est un portique supporté par d'autres belles Colonnes, & orné de nombre de statues gigantesques, sorties des mains de sculpteurs célebres d'Italie. Les niches m'ont parues cependant trop petites pour ces statues, ou les statues trop grandes pour les niches.

Mais ce qui m'a le plus frappé de ce côté de l'Edifice c'est l'Escalier, qui conduit à l'Eglise, cet escalier prend la meilleure partie de l'espace qui est entre l'édifice & le village, ses larges marches semicirculaires lui donnent un aspect si magnifique, que je doute que nous ayons en Italie quelque chose dans ce genre qui puisse lui être comparé.

Les toits des appartemens & de l'Eglise, à l'exception du pavillon, du Dôme, & des clochers, forment une espece de terrasse d'où l'on a une vue très-étendue. Les clochers renferment cent soixante cloches de différentes grandeurs, qui forment plusieurs carillons que l'on fait mouvoir par le moyen de quantité de machines renfermées dans deux tours au dessous. Il est impossible de donner une idée bien nette de ces machines, sans les accompagner de desseins. Il suffira de vous dire qu'elles ont couté près de deux millions de crusades. Ce sont réelement les deux objets de cet édifice qui méritent le plus d'être remarqués ; & je crois que tout l'art des pendulistes a été épuisé fur les carillons renfermés dans ces deux tours. Quelle quantité de rouages, de pivots, de verges, & de reſſorts les uns de cuivre, & les autres d'acier ! Qui oſeroit en entreprendre la deſcription ? Qu'il a fallu ſe creuſer la tête, & faire de réflexions avant que de les finir : cependant l'on a prodigué l'argent, & l'art pour ne produire autre choſe qu'une muſique de cloches ; qui lorſqu'elle dure plus de trois minutes ne ſauroit manquer d'ennuyer.

Parmi, pluſieurs choſes dignes d'attention, on y voit deux Cours entourrées des plus beaux portiques que j'aie encore vûs ; ils ſont préférables à ceux de la *Procuratie nove* à Véniſe. Ces portiques ſupportent pluſieurs appartemens qui ſervent à loger les premiers officiers de leurs Majeſtés lorſqu'elles s'y trouvent. Ces appartemens ainſi que ceux du Roi & de la Reine, communiquent avec la partie de l'édifice occupée par les moines.

Cette partie conſiſte en trois Dortoirs, en un réfectoire, une Infirmerie, une cuiſine, une Bibliotheque, & quelques dépendances.

L'un des trois Dortoirs a, je crois, environ trois cents pas ordinaires de longueur, & il est assez large pour que dix hommes de front s'y promenent à l'aise. On m'a dit que les Cellules qui étoient sur les côtés des trois Dortoirs alloient à six cents, elles ne sont ni étroites, ni basses comme le sont celles des autres Couvents de Franciscains, au contraire elles sont spacieuses & élevées, & ressemblent plutôt à des appartemens plus dignes d'être occupés par les Prélats les plus distingués que par de simples moines. Il y a moins de peres dans ce Couvent que de Cellules. Leur nombre n'est que de trois cents, & celui des freres ne va qu'à cent cinquante.

L'ameublement de chaque Cellule j'entends celle des peres) consiste en un lit étroit, découvert, (pas bien tendre) une table, quelques chaises, une tablette pour des Livres, & en d'autres petits meubles de peu de valeur. Celles des freres n'ont point de tablettes, la meilleure partie ne sachant pas lire.

Quand au réfectoire, rien n'est plus magnifique. La table qui occupe partie de la longueur peut contenir plus de cent cinquante personnes de chaque côté ; vous pouvez par là juger de sa grandeur, cependant il y a encore assez de place à l'un des bouts pour admettre une seconde table, à laquelle le Roi dine quelquefois avec quelques grands Seigneurs qu'il invite.

Comme j'entrai dans ce réfectoire un moment avant le diné des moines, la nappe étoit mise; & je ne pus m'empêcher d'obferver que le pot qu'on fert pour deux moines contient environ deux bouteilles de vin. Tous ces pots font pareils, & tous de terre blanche, marqués aux armes du Roi, outre ces pots il y avoit des affiettes de bois de Bréfil, une de deux en deux, fur laquelle étoient fix figues, deux grapes de raifin, & deux Citrons. Quand au refte de leur diné (que je n'ai point vu) il confifte en trois bons plats, gras ou maigres fuivant le temps où l'on fe trouve. Chaque moine a un pain de pur forment pefant près d'une livre, s'il ne fuffit pas ils peuvent en demander davantage.

Tandis que les trois cents Peres dinent, les cent cinquante freres fe tiennent debout derriere eux dans le plus grand refpect. C'eft le Roi qui s'eft chargé de leur fournir cette nourriture, qui leur donne ces teints gais & vermeils. Je n'ai jamais vu de figures auffi gracieufes même dans les tableaux de *Paul Véronefe* (47) qui pa-

(47) Paul Véronefe né en 1532 fut un des plus grands peintres de l'Ecole Vénitienne. Le Guide difoit que s'il

roît s'être attaché à peindre de beaux moines.

On assure que l'entretien d'une Maison si considérable revient au Roi à deux cents mille Crusades par an. Ce qui ne me paroît point exagéré, car en comptant sur le pied de trente deux bonnes dents pour chaque bouche; on en trouvera plus de quatorze mille occupées deux fois, par jour pendant toute l'année. A quoi il faut encore ajouter ce qu'il en coute pour leur déjeuné en chocolat, leurs vêtemens, leur bois, la grande consommation qui se fait en cire pour l'Eglise & les Cellules; la dépense en chandelles & en huile pour

avoit à choisir parmi les peintres il desireroit être Paul Véronese; que dans les autres on reconnoissoit l'art, au lieu que dans les ouvrages de Paul la nature se montroit dans toute sa vérité. Il étoit surtout recommandable par ses grandes ordonnances, par la majesté de ses compositions & le choix de ses sujets; il donnoit à ses têtes autant de grace que de noblesse, les mouvemens de ses figures étoient doux & leurs expressions naturelles. Ses ouvrages sont remarquables par la fraicheur & la beauté du coloris. On lui reproche d'avoir quelquefois négligé le Costume. Il eut pour disciples ses deux fils qui ont marché dignement sur ses traces. Les noces de Cana qu'on voit dans le Réfectoire de St. Georges Majeur du palais de St. Marc à Venise, sont un des plus beaux morceaux qui soient au monde. Ce grand peintre mourut à Venise en 1588 agé de 58 ans.

les lampes dans les Dortoirs & la Cuisine, outre plusieurs autres articles trop longs à détailler (48). Ce qui coute le moins est leur Infirmerie ; mais il est bon d'observer que lorsqu'un de ces Religieux commence à vieillir ou à devenir Valétudinaire, on l'envoie dans une autre Maison, & on lui en substitue un jeune, & robuste. Je n'ai vu ni leur infirmerie, ni leur cuisine.

Leur Bibliotheque remplit une très-vaste

(48) Nous ne pouvons nous empêcher de rappeller ici au Lecteur une réflexion bien sage du Philosophe de Ferney. Il y a tel couvent au monde, dit-il quelque part, qui jouit de 200000 livres de rente ; la raison démontre que si l'on partageoit ces 200000 livres de rente à 400 bons officiers que l'on marieroit, il y auroit 400 citoyens utiles de recompensés, 400 filles pourvues, & 3000 sujets, au moins, de plus dans l'Etat au bout de 10 ans, au lieu de 50 faineants inutiles à tous égards. Ajoutez encore que ces 50 faineants rendus à la société, se marieroient, cultiveroient les arts, & peupleroient le Royaume. Voila ce que tout le monde desire depuis le laboureur jusqu'au Ministre ; il n'y a que le fanatisme seul qui s'y oppose ; mais le bon sens & la raison, armés du pouvoir, ne doivent-ils pas écraser pour jamais la tête de ce monstre, aussi méprisable que cruel, qui déchire également la Religion & la Société.

Nous ajouterons à cela que la politique de la plupart des puissances de l'Europe commence enfin à s'éclairer, & nous assurons, d'après mille honnêtes gens, qu'on verra avec le plus grand plaisir l'anéantissement successif de ces familles immenses qui consomment sans rien produire, & qui sont moins propres à soutenir un état qu'à le dévorer.

falle, & une aſſez grande chambre. La ſalle ne contient à ce qu'on m'a aſſuré guere moins de ſoixante & dix mille volumes, & la chambre environ dix mille, parmi ſe trouvent tous les livres Portugais qu'on a pu ramaſſer. Je jetai les yeux ſur la liſte de ceux que contenoit une longue tablette d'in-quarto, à main droite en entrant, & je vis que c'étoient des Livres de Généalogie. Si les Auteurs de ces in-quarto ſe ſont piqués de véracité; aucune nation ne connoit mieux ſes ancêtres que celle-ci. A peine y a t il une ſeule famille un peu conſidérable dans le Royaume, qui ne puiſſe ſe vanter d'avoir eu ſon hiſtoriographe, & quelques unes en ont eu pluſieurs. C'eſt de là (diſent les étrangers) que dérive cette noble élévation qui fait que les Portugais témoignent le plus grand dédain à tous les autres peuples, & mépriſent tous ceux qui n'ont pas le bonheur d'être nés chez eux. De là peut-être auſſi (me dis-je en moi-même) la ſource de cette cruelle haine qui s'empara du Duc d'*Aveiro*, & le porta à commettre une de ces actions, qui ne manquent jamais d'occaſionner la perte de ceux qui s'en rendent coupables; ainſi que les hiſtoriens de tous les ſiecles & de tous les peuples du monde nous l'aſſurent. Ce Duc ne pouvoit ſoutenir l'idée d'avoir quelques pages de son livre généalogique souillées par qui que ce fut.

Outre ce grand nombre de Livres généalogiques in-quarto, & d'autres formats; il y a dans cette chambre plusieurs histoires des conquêtes faites par les Portugais dans différentes parties du monde d'outremer. Après suivent les Livres de Théologie & de dévotion, qui ne sont pas en petit nombre, ce qui me prouve la piété & l'habileté des Portugais en fait de théologie. Mais ce qui y abonde à un point surprenant, ce sont les vies des saints, mâles, & femelles, étrangers, & regnicoles. On prétend qu'il se trouve sur ces tablettes près de cent volumes de vies de St. Antoine seul; chacune rapportant les faits de ce grand saint d'une maniere différente, ni Alexandre, ni Auguste, ni le Roi de Prusse n'ont été honorés d'un si grand nombre de Biographes que ce bon St. Antoine.

Si j'en crois le pere Bibliothécaire, la Bibliotheque de cette chambre est d'une plus grande valeur que celle de la salle. Il a en quelque façon raison, on peut se procurer avec de la peine & de l'argent ceux de la derniere mais il n'en est pas de même des autres; parce que les Livres Portugais sont devenus très-rares depuis le tremblement de terre. L'incendie qui le suivit a détruit plusieurs bibliotheques publiques & particulieres dans la Capitale, & un Livre Portugais qui a quelque célébrité eſt devenu auſſi cher qu'un beau rubis.

La perte de la Littérature Portugaiſe ne ſera guere regrettée ailleurs qu'en Portugal (49); elle n'a jamais été de mode, &

(49) Le gout particulier des gens de lettres de ce pays eſt en général l'étude de la Philoſophie ſcholaſtique, de la Théologie, de la Médecine, de la Juriſprudence, & de la Poëſie; mais c'eſt d'une maniere bien différente des autres nations ils ſont, en général, ſi eſclaves des opinions des anciens que rien n'eſt capable de vaincre cet aſſerviſſement, Ariſtote, Scot & St. Thomas ſont chez eux des oracles infaillibles, & ſi un Médecin ne juroit par Hippocrate, Galien ou Avicenne, les malades qu'ils expédiroient ne croiroient pas être morts dans les formes. Quant à la Poëſie ils ne ſont eſclaves que de leur imagination ſouvent groteſque, qui les fait preſque toujours tomber dans un pompeux galimathias. Les occaſions dans leſquelles ils brillent c'eſt lorſqu'ils s'attachent à quelque queſtion de logique de métaphyſique ou de théologie; leur imagination pointilleuſe ſe donne carriere, & n'abandonne jamais la queſtion que la matiere ne ſoit épuiſée.

Quand aux ſciences élevées & aux belles lettres, elles y fleuriront difficilement, non ſeulement parce qu'on n'y a point la liberté de la preſſe, mais principalement parce qu'on y eſt ſujet à la cenſure de l'inquiſition. L'ignorance, l'avarice, & l'intérêt des moines réprimeront toujours les efforts du génie, & l'empêcheront de produire des ouvraje doute quelle le devienne par la suite. On ne connoit que très-peu dans l'étranger les écrivains de ce pays. *Ossorio* l'historien Latin est fort considéré dans le monde littéraire ; & *Camoens*, le poëte Epique par delà *Allentejo* & l'Estramadoure: leurs ouvrages sont néanmoins plus loués que lûs. Nos moines Italiens exaltent un de leurs orateurs sacrés nommé *Vieira* & le mettent de pair avec nôtre *Segneri*. Mais je n'ai pas grande opinion du goût de nos moines en fait d'*éloquence*. J'ai ouvert dans cette Bibliotheque un des volumes du receuil des œuvres de *Vieira*, mes yeux sont tombés par hazard sur l'éxorde d'un Sermon, où il fait une pompeuse énumération des perfections de la figure circulaire, après quoi le *Cicéron Lusitain* (nom que les Portugais donnent à ce prédicateur) continue & dit à ses auditeurs. *Que si le tout puissant étoit dans le cas d'apparoitre sous une forme géométrique, ce seroit surement sous la circulaire préférablement à la Triangulaire, à la quarrée, à la pentagonale, à la duo-*

ges qui puissent éclairer ce pays d'esclavage & d'abrutissement (*).

(*) Cette censure est trop amere : depuis quelques années le Ministere de Portugal a enfin ouvert les yeux, & le pouvoir monacal y est, dit-on, considérablement diminué.

décagonale, ou à toute autre connue des géometres. Que pouvois-je faire après avoir lu un pareille éxorde ? il ne me restoit qu'à remettre promptement le livre à fa place. Il faut pourtant que les ouvrages de *Vieira* aient quelque mérite puisqu'ils font eftimés de beaucoup de gens ; je fouhaiterois avoir le temps d'examiner en quoi ce mérite confifte.

J'avois ouï parler avant mon Voyage de *Mafra* d'une traduction Portugaife des opéra de *Métaftafe*, & je priai le pere Bibliothécaire de me la montrer, mais il ne l'avoit pas, & n'en avoit eu encore aucune connoiffance ; que penfez-vous de cette traduction ? on m'a affuré que le traducteur a donné aux héros du Métaftafe plufieurs domeftiques leurs Maîtres les quittent. Et s'entretiennent avec les fuivantes & les nourrices des héroïnes. Vous riez ! mais que pouvez-vous blâmer dans *Achille* ayant un valet de pied, *Sémiramis* une gardemalade, ou *Déidamie* une cuifiniere bavarde qui ordonne au petit Negre de porter le chocolat à fa Maîtreffe ? Si c'eft là le goût dramatique des Portugais, une traduction des ouvrages de *Goldoni* leur plairoit autant que le texte même plaît aux Gondoliers Vénitiens.

Les Portugais ont un Dictionnaire de

leur langue fort eſtimé ; l'auteur eſt étranger, c'eſt un Jéſuite François nommé *Bluteau* qui l'a compilé. Il eſt imprimé en huit ou neuf gros volumes in quarto. J'avois envie de l'acheter ; mais je le trouvai trop volumineux pour pouvoir m'en charger ; d'ailleurs le tremblement de terre l'a rendu trop cher pour ma fortune.

Je feuilletai divers autres Livres Portugais pendant les quatre heures que je paſſai dans cette bibliotheque. Je trouvai dans un ouvrage de Médecine un remede pour le mal des yeux, qui me parut auſſi excellent que ſingulier. *La perſonne ainſi affectée*, dit le Médecin Portugais, *ne doit ni lire ni fixer aucune muraille blanche*. L'honnête Bibliothécaire étoit enchanté de la curioſité que je témoignois pour la Littérature de ſon pays : s'il m'eſt permis de tirer des conſéquences du peu que j'ai vu pendant que j'ai été dans cette bibliotheque les écrivains Portugais les plus renommés ſont, au plus, comparables à nos *Achillinès*, & *Ciampalès* pour les vers, & à nos Giuglaris, & Teſauros pour la proſe, dont la façon ridicule de penſer, & l'enflure dans les expreſſions ont procuré au dernier ſiecle le nom de *ſo colo cattivo* relativement à ſa méchante Littérature. Nos empoulés *Colloandres*, *Eroménes*, *Dicanées*, *Coral-*

bes, & autres Livres du même genre, ont l'air d'être traduits du Portugais, malgré cela je fouhaiterois encore pouvoir donner quelques mois à étudier la Littérature de ce pays.

La grande Bibliotheque de *Mafra*, j'entends celle de la falle, auroit pris trop de temps, je n'ai pas eu celui de l'éxaminer. J'en ai pourtant vu affez pour me convaincre qu'elle eft très-belle, outre les meilleurs ouvrages des langues favantes, on m'a affûré qu'il s'y trouvoit nombre de manufcripts précieux, fur-tout Hébreux & Arabes; & comme j'y ai vu plufieurs moines qui m'ont paru étudier, il eft vraifemblable qu'ils ne font pas tous ignorans. Mais il faudroit qu'un Voyageur féjournât quelque temps dans un pareil lieu pour pouvoir fe former une jufte idée de ceux qui l'habitent; malheureufement je ne pus m'arrêter davantage à *Mafra*.

Il eft temps de prendre congé du Pere Bibliothécaire, & de vifiter le jardin du Couvent. Il eft paffablement grand pour avoir été en quelque maniere creufé dans le rocher vif, & pour avoir été obligé d'y tranfporter la terre de différens endroits. Il y a au milieu un vafte réfervoir & plufieurs fontaines. On peut communiquer par quelques portes pratiquées dans les murailrailles avec le Parc Royal qui est pareillement entouré de murs, on assure qu'il a quinze ou seize mille de tour. Le peu que j'ai vu de ce Parc depuis les fenêtres des cellules, loin d'être embelli par cette verdure, qui fait presque toute l'année l'ornement de ceux d'Angleterre, m'a paru plutôt un desert brulé & pierreux, où il y a peu d'arbres & d'autres plantes.

Mais le bâtiment mérite la plus grande attention; peu d'édifices en Europe (à peine y en trouveroit on dix) ont une apparence aussi majestueuse. Son premier Architecte étoit Allemand, il avoit été élevé à Rome; il faut qu'il ait été doué d'une belle imagination pour avoir formé le plan d'un édifice aussi vaste, & pour en avoir disposé les parties d'une maniere aussi noble, & aussi convenable qu'il l'a fait.

La premiere pierre en fut posée en 1717, si l'on ne m'a pas trompé; cependant plusieurs parties de l'intérieur ne sont pas encore finies: quoique pendant les vingt premieres années six mille ouvriers y aient constamment travaillé, outre le grand nombre d'artistes qu'on a employés à Rome & ailleurs. Ce n'est que récemment que le nombre de ces ouvriers a été considérablement diminué. Actuellement on n'en emploie que deux cents.

Tome I. L

Ce fut un vœu fait par l'Archiducheſſe Epouſe du Roi Jean V. qui occaſionna cette fondation. A ſon approche des côtes de Portugal la premiere terre qu'elle vit fut les hauteurs de *Mafra*, & la premiere grace quelle demanda au Roi ſon époux, fut qu'il lui plût d'y ériger un Temple à la Vierge, & à St. Antoine, à la protection deſquels elle reconnoiſſoit être redevable de ſon heureuſe arrivée en Portugal. Sa Majeſté, qui étoit le Prince le plus attaché aux moines qui ait jamais exiſté, lui accorda volontiers ſa demande. Il ne ſe contenta pas ſeulement de bâtir l'Egliſe il voulut encore y ajouter le palais, le couvent, le jardin, & le parc, pour honorer dignement le morceau de terre qui s'étoit le premier attiré les regards de ſon auguſte épouſe! galanterie aſſez ſinguliere! Comme tout le voiſinage de *Mafra* abonde en immenſes carrieres de beau marbre, & de pierre de taille, la bonne Reine eut la ſatisfaction avant ſa mort, de voir l'édifice très-avancé & décoré de plus de cinquante ſtatues gigantesques.

LETTRE XXX.

Point d'érudition dans l'autre vie. Ignorance des savans. Orgues, & sonnerie, Ornemens moresques.

Lisbonne 13 Septembre 1760. au soir.

Après avoir visité tout à mon aise le Monastere royal, le facteur d'orgues du Roi ma ramené dans l'Eglise pour me montrer l'intérieur d'un des six orgues.

Je l'ai examiné avec la plus grande attention; & je me suis fait détailler l'usage de chacune de ses parties : mais mon ignorance dans cet art est telle que je n'ose me hazarder à vous en donner la moindre description. Que je blâme ma négligence de n'avoir daigné pendant quarante ans m'appliquer un instant à m'instruire des propriétés des tubes & des soufflets, j'aurois, par ce moyen, pu me former une idée de la variété des sons enchanteurs que l'on peut en tirer! Les études nécessaires à celui qui veut s'ériger en Ecrivain de Voyages me paroissent immenses.

Bien des gens, venant à réfléchir fur les occafions qu'ils ont négligées d'augmenter leurs connoiffances, ce qu'ils ont mille fois pu faire; fe font imaginés que, s'ils avoient à recommencer leur carriere, ils s'appliqueroient avec le plus grand foin, & une conftance inébranlable à l'étude de toutes les fciences, & à fe graver dans la mémoire toutes les découvertes qui fe font faites dans le monde depuis les jours de *Pythagore* & d'*Ariftote*.

Mais de pareils raifonneurs n'ont felon moi qu'une fauffe idée des chofes. Quelque longue que foit notre vie, & quelque conftante que foit nôtre application, je penfe que c'eft une des fages difpofitions de la providence d'avoir empêché que nous ignoraffions dès le commencement tout ce que nous devions apprendre, & le peu que nous étions capable de retenir. S'il en étoit autrement nous ferions épouvantés, & concevrions du dégout pour les fciences, & au lieu d'en acquérir quelques unes, je fuis perfuadé, que nous n'aurions jamais le courage de nous appliquer à aucune.

Il eft réelement heureux que nous ofions entreprendre de voyager fur l'océan fcientifique, avant que de connoître fon immensité, autrement le cœur nous manqueroit dès le commencement, nous imiterions l'exemple de cette servante paresseuse, qui ayant à balayer la maison, à laver ses écuelles, & son dîné à préparer, se désespéra, courut au grenier, se jeta sur son lit, & s'endormit.

Telle est la suite d'idées que mon ignorance en fait d'orgues a fait naître. Quel mépris cet artiste n'a-t-il pas du concevoir pour moi, en me trouvant si peu instruit dans sa noble science! Le sujet de consolation qui me reste est que plusieurs grands hommes auroient pu partager ce mépris avec moi: combien s'en trouve-t-il, même dans la classe des plus célebres, qui ignorent comme moi des choses beaucoup plus communes que l'art de fabriquer des orgues? Combien le nombre des savans des diverses Universités de l'Europe qui mangent du pain deux ou trois fois par jour, & ignorent parfaitement la façon de le faire, n'est-il pas considérable? Combien n'y a-t-il pas de gens, qui trempent perpétuellement leur plume dans l'écritoire, & qui ne sauroient certainement pas faire de l'encre? Combien de gens se font razer tous les matins, & n'ont jamais pensé à s'informer des ingrédiens qui entrent dans la composition d'une savonette?

Je me rappelle une aventure à ce fujet, que je crois valoir la peine d'être racontée. Trois beaux efprits Anglois, Wash, Wycherley & Pope, fe promenant enfemble dans les champs, eurent une difpute au fujet d'un tuyau d'herbe qu'un d'eux ramaffa par hazard. Voila un beau tuyau de froment, dit l'un de ces Meffieurs; je n'en ai jamais vu de plus beau! Ce n'eft point du froment; dit le fecond, je crois que c'eft du feigle, Bon! n'êtes vous pas honteux dit le troifieme de votre ignorance; ce n'eft ni froment, ni feigle, fûr comme j'éxifte, c'eft de l'avoine. Au moment où ils alloient fe fâcher. *Miller* le Botanifte vint à paffer. Ils s'en remirent à fa décifion, & il décida qu'ils avoient tous trois tort.

La plus grande partie de ceux que nous nommons favans, ignorent les chofes les plus ordinaires, il y a tel philofophe qui pourroit apprendre du dernier des hommes beaucoup plus qu'il ne s'imagine. Je dois par conféquent me confoler de ce qu'un facteur d'orgues m'a pris pour un fot. Il ne fe trompoit pas tout à fait, quant à mes connoiffances dans fon art.

Le nom de cet homme eft *Eugéne Nicolas Egan*, il eft Irlandois. A peine a-t-il quatre pieds de haut: mais tout eft vie chez lui? Il ne doit le poste qu'il occupe à *Mafra* ni au hazard, ni à la protection, mais uniquement à son habileté. Le Roi avoit fait venir huit fameux facteurs d'orgues d'Italie, d'Allemagne, & d'autres pays, & avoit ordonné que celui des huit dont l'orgue seroit le meilleur, obtiendroit cette place, vous vous doutez bien que chacun fit tous ses efforts pour l'emporter sur ses rivaux: mais l'immortel virtuose *Caffarelle* conjointement avec le célebre compositeur *David Perez* ayant été nommés pour prononcer sur la bonté de leurs instrumens, déciderent unanimement en faveur du petit *Egan*, de sorte qu'il obtint le poste. Les honoraires n'en sont pas aussi considérables qu'il l'avoit d'abord espéré: mais que sont des honoraires pour un artiste? Il a triomphé de ses rivaux, & les a vu abandonner honteusement le Portugal.

Après m'avoir montré son orgue, avoir joué assez long-temps, & touché plusieurs fois un dessus, qui est de son invention, il m'a mené voir le meilleur ami qu'il eut à *Mafra*, qui est celui qui sonne les cloches du monastere Royal.

J'espere que vous ne rirez pas lorsque je vous dirai que j'ai eu l'honneur de rendre visite au *sonneur de cloches* de S. M. qui est aussi grand-homme qu'aucun de ceux qui se sont jamais mêlés de toucher les cordes d'une cloche, & aussi célebre dans son genre que *Platon* l'a été dans le sien. Oûtre qu'il sait tirer de ses cloches les sons qu'il lui plait, il les retient dans la plus grande subordination, & il joue par leur moyen des airs si variés & si agréables que toute la Cour en est enchantée. Mais il s'est assuré le titre de grand-homme & de génie profond par deux instruments de son invention, l'un composé de nombre de petits morceaux de bois, l'autre de plusieurs morceaux de briques. Il pose ces petits morceaux qu'il arrange à sa façon sur une table : il prend ensuite deux petits maillets & frappe dessus. Vous ne sauriez vous imaginer la douceur des sons que contiennent le bois & la brique ! Il joue sur l'un & sur l'autre les plus belles ouvertures d'Handel, & les morceaux les plus difficiles de *Scarlatti*. Mr. *Egan* qui lui-même a ajouté un nouveau dessus à l'orgue, & qui en conséquence est juge compétent de ces matieres, aime & honore cet homme, quoique simple sonneur de cloches, & n'est point jaloux de ses talens : peut-être parce qu'ils n'entrent point en concurrence avec les siens.

Le Soleil commençoit à baisser lorsque j'ai pris congé de ces deux hommes extraordinaires. J'ai donné la main au fonneur de cloches, & n'ai pû m'empêcher d'embrasfer le joli Nain.

Le chemin entre *Mafra* & *Cintra* eft encore tel qu'il étoit après le déluge lorsque les eaux fe retirerent, je fuis defcendu vingt fois de ma chaife craignant qu'elle ne renverfât. J'ai remarqué aux deux côtés du chemin plufieurs blocs de pierre, & plufieurs colomnes de marbre qui avoient été tirées des carrieres qui en font très-proches. Il étoit nuit lorfque je fuis arrivé à *Cintra*, mon Negre m'a conduit à l'*Auberge Angloife:* on lui donne ce nom parce qu'elle eft généralement occupée par une Société de négocians Anglois, qui s'y rendent de *Lisbonne*, foit pour s'y recréer, ou pour y acheter des Oranges & des Citrons. Lorfque ces négocians s'y trouvent, on leur donne les meilleures chambres; ce n'eft pas fans une bonne raifon: puifqu'ils les ont meublées à leurs propres frais.

Comme elle s'eft trouvée pleine lors de mon arrivée, & qu'il étoit trop tard pour fe procurer un autre logement; j'ai été obligé d'aller coucher dans une maifon voifine fur le morceau de toile dont j'ai précédemment parlé. Mais à mon retour du

Couvent de Liége, les négocians étoient partis, & j'ai eu un très-bon lit.

Il est, à présent, temps de vous dire, qu'avant le tremblement de terre, *Cintra* étoit bien digne d'être visité. Il y avoit une Maison Royale actuellement presque détruite. On prétend qu'elle servoit il y a plusieurs siecles, de Maison de plaisance aux Rois Maures qui arracherent le *Portugal* & l'*Espagne* des mains des *Vandales*; qui avoient eux-mêmes arraché ces deux Royaumes de celles des *Romains*. Mauresque, ou non, je conçois par ses ruines, ainsi que par ce qui en reste debout, que c'étoit autrefois fois un vaste Palais. On voit encore trois de ses salles. Le plafond de chacune est divisé en petits compartimens dans lesquels on a peint des animaux : mais chaque plafond n'a qu'un seul animal ; de sorte que l'un ne contient qu'une quantité de *Cignes*, l'autre que des *Sangliers*, & le troisieme que des *Pies* (50).

---

(50) Quels détails, bon Dieu ! Quel est le lecteur, à l'esprit duquel cette page, & tant d'autres ne rappelle ces vers, bien faits pour servir de regle & de frein à tout narrateur.

Un Auteur quelquefois trop plein de son objet,
Jamais sans l'épuiser n'abandonne un sujet,

LONDRES A GÊNES. 251

Ce goût de décoration m'a paru bien fantasque, surtout quand j'ai eu remarqué que les Cignes, les Sangliers & les Pies étoient tous parfaitement semblables, & qu'ils étoient tous dans une même posture. Chaque Cigne a une chaine d'or autour du col : chaque Sanglier porte sur le dos un écusson, & chaque Pie à les mots *per ben* écrits à l'un de ses côtés ; ces mots précédés de celui de *Piga* forment une allusion à une pointe *Moresque* que j'ai déja oubliée.

Les murs des trois salles sont incrustés de petits morceaux quarrés de marbre de deux différentes couleurs disposés en échiquier, il en est de même des parquets. Il y a au rés de chaussée une petite chambre d'où avant le tremblement de terre on faisoit jaillir de l'eau de plusieurs petits conduits cachés dans les murs, en touchant un ressort, & voilà à peu près tout ce qui

    S'il rencontre un palais, il m'en dépeint la face,
    Il me promene après de terrasse en terrasse,
    Ici s'offre un Perron, là regne un corridor,
    Là ce balcon s'enferme en un balustre d'or
    Il compte des *plafonds* les ronds & les ovales
    Ce ne sont que festons, ce ne sont qu'astragales,
    Je saute vingt feuillets pour en trouver la fin
    Et je me sauve à peine au travers du jardin.
    Fuyez de ces auteurs l'abondance stérile,
    Et ne vous chargez point d'un détail inutile, &c.

reste de cet édifice, on est occupé à le rebâtir, le Roi veut qu'on lui rende sa première forme: cette idée est louable, la postérité pourra décider du gout de l'Architecture Moresque.

Des fenêtres de la salle où l'on a peint les sangliers on a une très-belle vue; mais je suis fatigué de belles vues, & je ne veux plus vous en décrire aucune, si vous êtes curieux de vues, montez au sommet des clochers.

Le Monastere Royal de *Mafra* n'a pas été fort endommagé par le tremblement de terre. Les moines m'ont fait observer, que les petits membres ronds au dessus des plintes des deux grandes colomnes qui sont aux côtés de la porte de l'Eglise, ont été fendus, & en partie brisés; c'est là presque tout le dommage que l'édifice a souffert, malgré les secousses qui furent si violentes, que quelques Religieux furent jetés sur le visage au moment où ils s'agenouilloient au chœur, & plusieurs personnes qui se trouvoient dans l'Eglise trebucherent les unes contre les autres. Si l'édifice avoit seulement penché un pouce ou deux de plus, il seroit vraisemblablement tombé tout à la fois, & les auroit tous écrafés au même instant.

Il est temps de prendre congé de *Cin-*

tra, du beau terrein sur lequel il est situé, des débris des salles Moresques, ainsi que des hautes montagnes du voisinage, où nombre d'Anglois & de Portugais ont de jolies maisons de campagne. On m'a dit qu'assez près de là, il y a un morceau de terre qui a près d'une lieue de longueur & un mille de largeur entiérement planté d'orangers & de Citroniers, dont les fleurs dans leur saison parfument une grande étendue de pays. On le nomme la vallée de *Coltarès* & on le compare au Jardin d'*Eden*. Vraisemblablement si je l'avois vu je n'aurois pas manqué de le comparer au territoire de St. *Remo* sur la côte de Ligurie.

En avançant de *Cintra* vers Lisbonne j'ai reconnu quelques autres parties de l'aqueduc, qui traverse la vallée d'*Alcantara*. J'ai vu aussi plusieurs *Quintas*, (Maisons de Campagnes appartenantes à des Seigneurs, & à des Gentilshommes Portugais;) généralement parlant, le pays que j'ai parcouru dans ce petit Voyage est pierreux & stérile.

LETTRE XXXI.

Gens auxquels la parole eſt interdite. Voleurs point aſſaſſins. Concuſſions de l'Orient à l'Occident. Baraques. Noirs, & leur poſtérité. Juifs, leur méchanceté; Bruit des rues.

Lisbonne 18 Septembre 1760.

MES recherches dans ce pays ne ſe ſont pas uniquement bornées aux uſages, aux mœurs, aux palais & aux Couvents. J'ai fait mon poſſible pour raſſembler des informations véridiques au ſujet des différens événemens qui ont dernierement attiré les yeux de toute l'Europe ſur ce Royaume, & vous ne manqueriez pas d'admirer mon induſtrie ſi je vous rendois compte de mes efforts pour découvrir le véritable motif de la conduite criminelle du Duc d'*Aveiro*, de l'expulſion des Jéſuites, de l'éxil des freres naturels du Roi; de la dureté du traitement inouï qu'a eſſuié le Cardinal *Acciajoli*, & de l'éxaltation de *Don Baſtien Joſeph de Carvalho* au plus haut degré du pouvoir.

Ces sujets méritent certainement quelques recherches, surtout vû le soin qu'on a pris de les couvrir d'un voile fort épais, qui ne laissera pas d'offusquer les historiens à venir ; mes peines ont été assez mal récompensées. Ce gouvernement à défendu à qui que ce soit de s'entretenir de pareilles matieres ; & cela sous les peines les plus séveres ; un si grand nombre de ceux qui ont transgressé ces défenses a déja été jeté dans des cachots pour ce sujet, que les pauvres malheureux Portugais sont transis de frayeur toutes les fois qu'ils entendent certains noms : il n'est pas du tout facile d'engager quelqu'un du pays à dire son sentiment sur la moindre chose ayant trait à la politique, quoique le penchant à décider, & l'empressement à parler soient deux des principaux ingrédients qui entrent dans la composition du caractere Portugais. Quand au peu de particularités que j'ai pu glâner de mes entretiens avec les étrangers, elles sont si pleines d'incertitudes de contradictions, & de partialités évidentes, qu'il vaut mieux les réserver pour le tête-à-tête que de les inférer dans mes lettres.

Mais je ne saurois quitter ce pays, sans dire encore quelque chose des Jésuites : vous avez droit d'éxiger d'un frere qui vous écrit de Portugal qu'il vous en dise fon fentiment, ainfi que de la manière dont ce gouvernement s'eft conduit, à leur égard.

Comme vous êtes bien inftruits de ma façon de penfer à différens égards, vous vous imaginerez peut-être, que j'approuve ces procédures, & que je regarde ces prétendus *Compagnons de Jéfus* comme une bande de traitres, toujours prêts à poignarder les Souverains & à bouleverfer les Empires, comme ils font regardés par un nombre confidérable de gens dans toute l'Europe. Quelle que puiffe être néanmoins l'opinion des autres, je n'ai jamais pu me réfoude à leur faire l'honneur de les croire poffeffeurs de cette fermeté d'âme néceffaire pour fe hazarder à commettre de ces actions grandes & hardies. Je les ai fouvent obfervés dans leur corps collectif comme formant un ordre; j'ai encore été intimément lié avec un grand nombre de fes membres; & je les ai toujours trouvés (ainfi que tous les autres moines) fi pufillanimes que j'ai été convaincu qu'un particulier d'un courage ordinaire pourroit feul en chaffer une douzaine jufqu'au bout du monde avec un fimple bâton. Leur genre de vie, les éloignant de toute efpece de danger, énerve leur efprit, & au lieu de leur infpirer le défir du péril, & de l'intrepidité; ne fait que leur communiquer une certaine débonnaireté femelle & une certaine foumiſſion, avec un caractere mêlangé de diſſimulation & d'hypocriſie. Il n'y en avoit pas un ſeul, parmi le grand nombre de ceux que j'ai connus, qui n'eût, plus ou moins, quelque choſe de ce portrait.

Oûtre les idées que j'ai conçues de cet ordre, qui ſont le réſultat de pluſieurs années de réflexions & d'obſervations. J'ai encore lu une bonne partie des Livres que l'on a récemment publiés contre ſes membres en vue de les faire tous paſſer pour des conjurés, des traitres & des Régicides par principe & par ſyſtême: mais ces livres pour la plupart ſont écrits de mauvaiſe foi. Loin d'avoir été convaincu par les raiſons qu'on y allégue : je ne crois pas même que les Jéſuites aient eu la moindre part à l'attentat de d'*Aveiro*: il m'eſt facile d'en rendre raiſon d'une maniere ſimple, ſans avoir recours à des conſpirations compliquées & merveilleuſes. Il n'eſt pas non plus poſſible de concevoir qu'un corps nombreux compoſé de gens d'un caractere tel que je les connois, adroits, prudents, & timides, eût voulu prendre part à une conſpiration, dont le chef étoit fier, imprudent, & furieux, enfin tel que d'*Aveiro*, & compoſée d'hommes & de femmes de différens âges & conditions; laquelle, quand même elle auroit réuſſi, les auroit tout au plus laiſſés préciſement où ils étoient.

Mais ſuppoſons pour un moment, que quelques-uns (ou pluſieurs ſi vous voulez,) euſſent trempé dans ce complot. Quelle difficulté y auroit-il eu à punir ce petit (ou ce grand) nombre après une procédure point ſecrete ni myſtérieuſe; mais en forme, & publique qui auroit eu pour témoin la nation entiere? Juſqu'à préſent aucun Jéſuite n'a été exécuté pour ce ſujet, mais tous ont été tranſportés hors du Royaume, & en ont été bannis pour toujours, ſans aucune diſtinction de l'innocent & du coupable; je ne ſaurois reconcilier avec mes idées de juſtice & d'équité une ſentence qui les traite tous de même. Il eſt vrai que le vieux *Malagrida*, & deux ou trois autres (dont aucun n'étoit Portugais, mais tous Italiens, ce qui mérite d'être remarqué) ont été arrêtés & détenus en priſon. Il y a près de deux ans qu'ils ſont à l'Inquiſition (51). Mais l'Inquiſi-

(51) Longtemps après cette lettre écrite, le pauvre Malagrida a été brulé comme hérétique, chargé outre pluſieurs choſes d'avoir écrit, pendant ſa détention à l'Inquiſition, que la Vierge Marie parloit Latin lorſqu'elle étoit encore dans le ventre de Ste. Anne. Je ne ſais ce que ſont

tion a-t-elle rien à voir fur les régicides,
fi le gouvernement eft perfuadé qu'ils foient
des régicides. Pourquoi n'ont-ils pas été
pendus avec le Duc d'*Aveiro* & les autres
conjurés ? le pouvoir, auquel il étoit facile
de bannir un millier d'individus, avoit certainement celui d'en faire pendre une ou
deux douzaines & même davantage. Pourquoi ne l'a-t-il pas fait ? Qui a pu l'en empêcher ? Le Pape ? Le peuple ? Quelque
puiffance étrangere ? Non. Le monde entier auroit applaudi au châtiment infligé à
des Régicides avérés. Pourquoi a-t-on eu
recours à des écrivains mercénaires, & pris
tant de peines pour noircir l'ordre entier,
lorfque fes membres coupables fe trouvoient
à la portée du glaive de la Juftice venge-
reffe. A quoi bon tant d'efforts au dehors
pour faire croire que cet ordre eft un com-

devenus fes complices. Les Portugais ne fe font-ils pas
conduits comme des Cannibales ? Un certain Platel, dont
ces lettres font mention, connu autrefois fous le nom de
Pere Norbert s'eft fait l'apologifte de cette inique fenten-
ce ; & a eu l'impudence d'avancer dans une mauffade
brochure que les Ambaffadeurs d'Angleterre & de Hollande avoient affifté au fupplice de l'imbécille Malagrida, &
avoient paru applaudir à la condamnation (*).

(*) Il faut avouer que cette Note de l'Auteur, ou du
Traducteur, est curieufe, & qu'elle ne fera pas de mife chez
bien des gens.

posé de scélérats, tandis que dans le pays il n'est permis à personne d'en parler ni en mal ni en bien ? pourquoi insinuer que chaque Jésuite est un insigne coquin, toujours prêt au premier signe de son Général, de son Recteur ou de son Préfet, à devenir traitre, conjuré, Régicide ; cette assertion ne sauroit trouver de créance que chez des enthousiastes, & que chez les personnes qui haïssent sans savoir pourquoi, & dont le nombre est plus grand qu'on ne s'imagine ; elle ne sauroit jamais en mériter de ceux qui pensent raisonnablement, qui connoissent l'intérieur du cœur humain, & les différentes passions dont il est agité ; encore moins de ceux qui ont observé l'impossibilité qu'il y a, à résoudre un grand nombre d'individus à penser & à agir comme s'ils ne composoient qu'une seule tête.

Voici donc ce que je pense de la Société, je la crois nuisible au bien générale, non que les membres soient traitres & régicides par système, mais parce qu'ils accumulent sans cesse des richesses dont ils n'ont aucun besoin : leur entretien n'en éxige que peu, vivant en communauté, se nourrissant simplement, s'habillant simplement, & se logeant simplement. Quel besoin ont ils de piller leurs voisins par leur trafic, & par leur banque, & d'entasser trésors sur trésors ? eux dont la vie est très-simple, & qui ne peuvent en adopter une différente sans pêcher contre leur Institut ? Pourquoi sont-ils continuellement à l'affût des héritages (ou presque toujours) au préjudice des héritiers légitimes ? Que veulent-ils faire de ces trésors ? ou s'ils ont quelque bonne raison (ce qui est inconcevable) pour agir de cette maniere, qui les empêche de la déclarer publiquement ?

S'il faut absolument que cet ordre soit anéanti, cette avarice ne peut manquer de justifier sa suppression. Mais au lieu de suivre la route qu'on a prise, & de les qualifier de *Voleurs*, titre qu'on peut leur donner avec justice ; puisque la passion de s'approprier le bien d'autrui est le vice dominant de la société, pourquoi se donner tant de peine, & employer les presses de *Luques*, de *Vénise*, de *Lugano* & d'autres lieux pour les décrier comme des *Assassins*: cet esprit, en considérant la nature des choses, ne sauroit jamais être celui d'un corps nombreux (52).

(52) Pour peu qu'on éxamine impartialement les différents manifestes contre la Société de Jésus ; on sera convaincu qu'elle tendoit à s'approprier la monarchie universelle. Ce plan étoit si bien concerté que trois ans plus tard quelques Princes d'Europe eussent été les victimes de ce coup funeste, s'ils ne l'eussent heureusement préve-

Outre la paſſion de *Voler* la ſociété a encore celle de dominer: cette derniere auroit pu fournir une nouvelle accuſation à ſa charge: elle eſt un de ſes caracteres diſtinctifs, & avérés, qui l'a rendue depuis long-temps odieuſe à tous les gens ſenſés, & honnêtes. Quel beſoin a t-elle de crédit & d'autorité dans les Etats où elle eſt établie, & même dans ceux où elle n'a aucun établiſſement; c'eſt à-dire, dans ces pays, que nous qualifions, peut-être avec trop de fiel, & de mauvaiſe foi d'héréti-

nu. Ces tréſors entaſſés & dont l'Auteur feint de ne pas deviner le motif, ces brigues ſecrettes, cette tyrannie des conſciences, cette envie de dominer, ces liaiſons ſourdes & ténébreuſes dans le ſecret des familles, cette morale que la ſeule prévention peut pallier, enfin tous les moyens mis en uſage par la Société, prouvent aſſez quel étoit ſon but. Ce n'eſt pas que nous ſoyons aſſez injuſtes pour croire que tous les individus qui compoſoient la Société fuſſent initiés dans le myſtere. Non ſans doute, il étoit renfermé dans la tête des puiſſans de l'ordre, qui ſe ſervoient de leurs compagnons ſubalternes, comme un général d'armée fait mouvoir le corps des bas officiers, ſans être obligé de leur confier ſa marche & ſes deſſeins. Nous ne dirons rien de l'affaire de Portugal dont l'Auteur parle; les gens inſtruits ſçauront bien à quoi s'en tenir, & le détail ſeroit trop long pour ceux qui ne le ſont pas. Nous ferons ſeulement remarquer qu'il n'y a point d'effet ſans cauſe, & que la Société n'auroit jamais tant entaſſé de tréſors, comme l'Auteur l'avoue, s'ils n'avoient pas dû ſervir à quelque choſe.

ques ? Comment peut-on accorder quelque part le crédit & l'autorité avec la profession que font ses membres de vivre, de s'habiller, & de se loger pauvrement, comme je l'ai dit ci-dessus, & de suivre les traces de *celui* dont eux-mêmes se nomment les compagnons ? pourquoi évitent-ils soigneusement les maisons des pauvres, où des réligieux devroient être continuellement occupés à les soulager & à les consoler ? Qu'ont ils à faire dans les Palais des Grands, où ils cherchent éternellement à s'introduire ? Qu'ont-ils à faire dans les Cours des Princes, où ils tâchent sans cesse de gagner du terrein ? Mon indignation n'a fait qu'augmenter en les y voyant, souriant, faisant des courbettes, parlant à l'oreille, carressant, cabalant & intriguant avec plus d'empressement que le plus vil courtisan.

Mais sur ces matieres & sur d'autres, nous en raisonnerons ensemble plus à nôtre aise par la suite. *Ragionerem più adagio insieme poi*, comme l'Evangéliste dit à Astolfes. En attendant, comme le temps de mon départ s'approche, j'ai employé la journée d'hier & celle d'aujourd'hui à visiter de nouveau, à pied, les ruines de cette Capitale, & ces nombreux amas d'habitations, qui ont été bâties pour fournir un abri aux malheureux que le tremblement de terre a privé de leurs maisons (53).

J'ai

(53) Lisbonne est bâtie comme l'ancienne Rome sur de petites Collines, il n'est pas possible d'imaginer un plus bel aspect que celui de cette vue sur la Riviere, mais à mesure qu'on approche du rivage, on ne peut s'empêcher de déplorer les ravages que les tremblements de terre y ont faits. Il ne faut pas croire que la plus grande partie de cette belle Ville ait été renversée le jour même de ce funeste événement. Le tremblement de terre de 1757 ne détruisit pas seulement un quart des maisons, mais l'allarme & l'épouvante s'étoient si fort répandues parmi les habitans, que la plûpart abbattirent le dessus des maisons pour n'en être pas écrasés: en considérant le temps qui s'est écoulé depuis ce désastre, il paroît qu'on s'est très-peu pressé de rebâtir les maisons; il n'y a que la douane, l'arsénal le théâtre & quelqu'autres bâtimens qui aient été relevés. Tout le monde convient que le feu fit encore plus de ravages que le tremblement: dans la premiere consternation, des milliers d'habitans, se crurent malheureusement plus en sureté dans les églises & laisserent leurs maisons en proie aux flammes: le plomb fondu qui couloit de toutes parts, & les toits des maisons qui enfonçoient les planchers ou qui renversoient les murailles, ont enséveli plusieurs milliers d'hommes. On ne peut se représenter cette scene d'horreur & de confusion sans frémir. Les secousses de la terre passées, le feu continua d'agir encore plusieurs semaines, & l'on croit que cela seul préserva Lisbonne de la peste que l'on craignoit beaucoup par la quantité des cadavres dont l'air étoit infecté. On ne sait pas au juste le nombre de ceux qui périrent; on conjecture seulement qu'il peut monter

J'ai déja taché de vous donner une foible idée de ces ruines; mais je dois encore vous recommander d'obferver lorfque vous lirez ma defcription, qu'il n'y a point d'expreffions capables de peindre une fcene auffi terrible que celle qu'elles préfentent à la vue.

En comparant la fituation topographique de ces ruines (tant dans la Ville que dans la Campagne) avec une bonne Carte du Portugal, il paroît que le choc le plus violent de ce mémorable tremblement de terre s'eft réuni en une ligne étroite dans la di-

ter à vingt-cinq mille hommes. Vers les dix heures du matin, le ciel étoit fort ferein & du plus bel azur: on s'attendoit à un des plus beaux jours du monde, & un quart-d'heure après tout fut dans la confternation; le trouble & l'horreur.

Ce funefte événement produifit divers effets parmi les commercans. Ceux qui étoient fur le point de faire banqueroute, ayant perdu leurs livres & leurs régiftres, fe trouverent tout à coup débaraffés de leurs dettes: d'autres qui avoient toutes leurs richeffes dans leurs papiers, fe virent en un moment réduits à l'indigence.

Les calamités dont le Portugal, & furtout Lisbonne, ont été affligés depuis quelques années, n'ont point d'exemple dans l'hiftoire. Tremblements de terre, incendies, famines, conjurations, empoifonnemens, exécutions, deftruction d'un ordre célebre & dangereux, enfin invafion dans le royaume de la part d'une nation puiffante, ennemie naturelle du Portugal; on trouvera difficilement tant de malheurs accumulés à la fois dans l'hiftoire d'aucune autre nation.

Tome I.   M

rection de l'eſt à l'oueſt, & que ſa furie, s'eſt ſurtout déployée ſur les édifices qui ſe ſont trouvés ſitués le long de cette ligne: de ſorte que ce n'eſt point la ſolidité de ſes murs qui a ſauvé le grand Batiment de *Mafra* d'une totale deſtruction; mais ſa ſituation un peu éloignée des lieux ou la ſecouſſe a eu le plus de force. S'il en avoit été autrement, il n'auroit jamais pu ſe dérober à la violence qui a renverſé la pente pierreuſe de la montagne élevée qui eſt dans le voiſinage de *Cintra*, & a détaché & fait rouler dans la plaine voiſine pluſieurs maſſes de ſes rochers.

Lorſque la furie du tremblement de terre ſe fut appaiſée, & que le trouble eut en quelque maniere ceſſé, les habitans de Lisbonne ſe haterent d'élever autour des hauteurs voiſines des habitations momentanées qui puſſent les préſerver de rigueurs du mauvais temps qui ſuccéda immédiatement à cet horrible fleau, ils ont par la ſuite & progreſſivement conſtruit pluſieurs petits villages compoſés de cabânes, & de petites maiſons, quelques-unes de bois & d'autres de briques, qui ſont aſſez agréables à la vue, étant dans un ordre régulier, & blanchies en dehors, ainſi qu'on le pratique généralement pour toutes les maiſons en Portugal.

Ils nomment ces petites maifons & ces Cabines *Baraques*: nom qui me paroît fort convenable : ce mot ayant été reçu dans toutes les langues de l'Europe & fignifiant chez toutes les nations, *une très-petite habitation.*

En traverfant ces parties de la Ville qui n'ont pas été détruites, je n'ai pu m'empêcher de remarquer la malpropreté des rues (54). L'odeur abominable, & les immenfes amas d'ordures qui la caufent, rendent quantité de ces rues impratiquables. On m'a affuré qu'il y avoit des peines très-féveres pour ceux qui jetoient des Saletes de leurs fenêtres dans la rue ; mais que fignifient les loix lorfque perfonne en place ne s'embaraffe de les faire éxécuter ?

Une des chofes les plus furprenantes pour un étranger, qui parcourt cette Ville, c'eft ce grand nombre de Negres qu'il rencontre à chaque pas.

---

(54) *Quoiqu'en dife l'Auteur de ces lettres* les Rues de Lisbonne font propres & bien entretenues & beaucoup mieux que celles de Madrid ; mais les montées & defcentes continuelles les rendent défagréables. Prefque toutes les maifons ont des jaloufies. Quoique le froid foit quelquefois très-piquant à Lisbonne, on fait très-rarement du feu dans les cheminées. On y fupplée par des manteaux qu'on ne quitte pas même dans la chambre, & quelquefois par des brafiers.

Plusieurs de ces malheureux ont vu le jour en Afrique, & plusieurs sont nés de parens Africains, soit en Portugal même, ou dans les Colonies Portugaises d'outre-mer. Il n'arrive aucun vaisseau de ces régions sans en apporter peu ou beaucoup des deux sexes, lorsqu'ils y sont une fois, on leur permet de se marier non seulement entr'eux; mais aussi avec ceux d'une couleur différente. Ces mariages bigarrés ont rempli le pays de différentes races de monstres humains, un noir & une blanche produisent un mulâtre, un mulâtre se joint ensuite à une noire ou à une blanche, & ils engendrent deux autres créatures nommées l'une & l'autre *métifs*. Ensuite les *métifs blancs* se joignent aux *métifs noirs*, ou avec de véritables noirs, ou véritables blancs ou des mulâtres, & tous produisent des races si variées & si nombreuses qu'il devient très-difficile & même impossible de les distinguer par des noms particuliers; quoiqu'elles soient toutes différenciées par leurs différentes teintes.

On peut encore ajouter à tous ces mélanges singuliers, les Juifs, le Portugal en fourmille; plusieurs feignent d'être chrétiens, & se marient fréquemment avec les diverses races indifféremment tant blanches que d'autre couleur. Vous concevrez aisément, que cela doit peu contribuer à illustrer ces généalogies qui font une si belle figure sur les Tablettes de la bibliotheque de *Mafra*.

La race originale est si dépravée, que nommer quelqu'un *à blanco :* c'est-à-dire un véritable blanc, c'est lui donner un titre d'honneur, de sorte que lorsqu'un portugais dit qu'il est *à blanco*, cela ne veut pas dire qu'il est blanc véritable, qui est la signification réelle de ce mot; mais qu'il est honnête homme, homme d'honneur, homme de bonne famille, un homme de conséquence & d'importance.

Ces étranges combinaisons ont peuplé cette ville de figures si singulieres que le voyageur a souvent peine à croire que Lisbonne soit en Europe; & l'on peut raisonnablement prédire, que dans un petit nombre de siecles il ne restera pas ici une seule goûte de sang portugais qui soit sans alliage; mais il se trouvera mêlé avec celui des Juifs & des negres; malgré les efforts de leur sacré Tribunal de l'Inquisition.

Pour éviter l'un de ces deux maux (auxquels une juridiction séculiére pourroit remédier) l'Inquisition est toujours attentive à découvrir les juifs, & lorsqu'elle parvient à en connoître quelqu'un, vous savez comme elle les traite. Dites à un Inquisiteur que vous êtes juif parce qu'il à plu à Dieu que cela fut ainsi, & que vous ne vous croiez pas en droit de défaire ce que Dieu a fait, le bon pere vous fera jeter au feu & brûler comme un fagot.

Mais comme un mal en enfante un autre, la vigilance des Inquisiteurs pour découvrir les Juifs fait que ceux-ci redoublent de leurs côtés leurs précautions, & (ce qui complette le mal) augmente la superstition & perpétue l'hypocrisie. Delà il arrive que nombre de personnes des deux sexes, de tout âge, & de toutes conditions, ne paroissent dans les rues que munis de longs rosaires qu'ils tiennent entre les doigts & le pouce, marmottant des *paters* & des *aves*, afin de passer pour Chrétiens s'ils sont Juifs, & de ne pas passer pour Juifs s'ils sont Chrétiens.

On ne sauroit concevoir comment les Juifs peuvent s'astreindre à vivre dans cette crainte continuelle. Il y a une opiniatreté inconcevable, qui je qualifierois presque de méchanceté, chez ces gens à défier les Loix de Portugal, qui justifieroit presque la fureur de l'Inquisition. Vous seriez, sans doute irrité, & votre colere iroit jusqu'à jeter par la fenêtre l'impudent qui prétendroit rester dans votre maison malgré vous.

Dans mes longues promenades d'hier & d'aujourd'hui, j'ai visite plusieurs boutiques d'artistes & j'ai été surpris de voir quelles sont occupées en grande partie par des étrangers. Ce qui donneroit une idée peu avantageuse de l'industrie des gens du pays: ce ne sera pas l'affoiblir en vous disant que les toiles, les étoffes de laine, & presque tout ce qui se fabrique au métier, vient du dehors, quoique les Portugais aient chez eux la majeure partie des matieres premieres. Il en est de même à l'égard de toutes sortes d'ouvrages d'acier, de cuivre à l'exception des ustenciles dont les pauvres font usage, qui n'exigent pas beaucoup de façon. Croiriez vous bien qu'ils tirent jusqu'à leurs souliers d'Angleterre & de France? on m'a assuré que le petit nombre de ceux qui en veulent avoir de faits exprès pour eux, sont obligés de s'addresser aux Cordonniers étrangers répandus dans les différens quartiers de la ville, & d'en payer un prix exorbitant. Les tailleurs sont aussi presque tous étrangers, du moins ceux qui ont quelque vogue; quand aux barbiers & aux perruquiers François ce pays-ci en fourmille aussi bien que l'angleterre. Il n'y a jamais eu de sculpteurs, de graveurs & d'architectes un peu habiles.

Quant aux peintres on n'en sauroit citer qu'on seul nommé *Alonzo Sanchez Coello*, Disciple de notre *grand Raphaël*, & honoré de la faveur de Philippe II. qui l'appelloit ordinairement *Le second Titien*. Ce Monarque l'employa pour *l'Escurial*, qu'il embellit par ses tableaux: son nom est plus connu des Italiens que des Portugais.

Je dois encore vous dire qu'ayant cherché à me procurer un plan de cette ville pour pouvoir m'en aider dans mes excursions; on m'assura qu'on n'avoit jamais pensé à en faire lever, cependant considérant son étendue, & le grand abord d'étrangers, on croiroit que l'espoir du profit auroit pu tenter quelqu'un à l'entreprendre.

La scene que présente la vue de tant d'objets de curiosité répandus si abondamment dans cette Capitale & dans ses environs ne sauroit manquer de donner beaucoup de satisfaction; mais si mes yeux sont satisfaits, mes oreilles ne le sont pas, elles paient cherement, cette satisfaction & sont exposées à un tourment tout particulier à ce pays; j'ai été obligé de l'endurer pendant tout le temps que j'ai résidé ici à l'exception des jours de fête.

Ce tourment est occasionné par le bruit que font les roues des charettes. Je ne sais si la puanteur des rues les plus sales

n'est

n'est pas plus supportable à l'odorat, que ce bruit aigu & perçant ne l'est aux oreilles. Les roues des charettes de ce pays sont composées de deux planches clouées ensemble, & grossiérement taillées en figure circulaire, on pourroit si l'on vouloit remédier à ce bruit désagréable ; il suffiroit pour cela que les chartiers graissassent leurs essieux ; mais ils prétendent qu'alors le diable feroit du mal à leurs bœufs, & que le bruit le fait fuir. Avez vous jamais oui une meilleure raison pour épargner la graisse ? *Cervantes* dans son *Don Quichotte*, fait mention de la façon de penser de ses compatriotes au sujet du bruit que font les roues de charrettes ,, *de cuyo chirrio aspero y continuado se dize che huyen los lobos y los ossos. Dont le bruit perçant, & âpre fait à ce qu'on assure fuir les loups & les ours.* Si ce sentiment des Espagnols n'est pas confirmé par l'expérience, la probabilité au moins le rend excusable ; les Portugais se promettent encore beaucoup plus qu'eux du charivari de leurs roues de charrettes.

Ces remarques ainsi que plusieurs autres ne m'ont pas jusqu'à présent donné une grande idée du bon sens de cette nation, & comme je ne m'étois muni d'aucunes lettres de recommandation qui m'auroient procuré le moyen de me produire dans les premieres maisons, ou j'aurois peut-être trouvé à me dedommager du peu de satisfaction que j'ai eu à examiner les mœurs du peuple, j'ai pris le parti de ne rester pas plus long-temps ici, & j'espere qu'il n'y aura plus qu'une de mes lettres datrée de cette métropole.

Je finirai cette-ci par l'exclamation d'un Italien de mes amis à son arrivée dans ce pays après une pareille absence que la mienne de sa patrie. *Quanti preti! Quanti frati! Quanti Muli!* (54)

LETTRE XXXII.

Dialogue important. Parade d'érudition, maniere d'enseigner des Jesuites.

Lisbonne 16 Septembre 1760.

Je quitte Lisbonne demain. On m'a délivré mes passeports, & je viens de signer le marché avec les *Calesseiros* (55), qui doivent me transporter à Madrid en quinze

---

(55) Quelle quantité de Prêtres! Quelle quantité de Moines! Quelle quantité de Mules.

(56) Voituriers.

jours. Je prends Baptiste avec moi. J'ai fait mes visites d'adieu à l'ambassadeur d'Angleterre, aux Réligieuses Angloises, aux Capucins Génois, & à quelques autres personnes, mes malles sont faites, de sorte que je coucherai la nuit prochaine de l'autre côté du Tage. Voici ma derniere lettre de Lisbonne.

Je vous ai déja fait entrevoir, que j'avois peu d'idée de la littérature portugaise, quelques petites observations que j'ai eu occasion de faire ce matin à ce sujet n'ont pas contribué à m'en donner une meilleure opinion; mais avant que je vous fasse part de ces observations, permettez que je vous donne la traduction d'un *Dialogue* tiré d'un Livre Portugais.

De qui Don Joseph est-il fils?
Il est fils du Roi Don Jean V & de la Reine Marie Anne d'Autriche.
En quelle année est il né.
En l'année 1714.
Quel jour?
Le sixième de Juin.
Quand, & par qui a-t-il été baptisé?
Le 29 Août de la même année par le Cardinal d'Acunha.
Qui a-t-il épousé?
N'étant encore que Prince du Brésil, il a

épousé la très-sérenissime Infante d'Espagne Dona Mariana Victoria.

Qui fut celui qui négotia ce mariage?

Antoine Guedes de Perciva, lorsqu'il étoit Envoyé à la Cour de Madrid.

Qui fut celui qui fut chargé d'aller demander solemnellement la très-sérenissime, Dame Infante?

Don Rodrigue Eanès de Sa, Marquis d'Abrantes.

Quel jour cette princesse arriva-t-elle en Portugal?

Le 19 Janvier 1729.

Quel jour fit-elle son entrée à Lisbonne?

Le 12 Février de la même année.

Dans quel tems le Roi Joseph premier a-t-il commencé à regner?

Le dernier jour du mois de Juillet de l'année 1750.

Quand a-t-il été proclamé?

Le 7 Septembre de la même année.

Combien a t il d'enfans?

Il a quatre filles, qui sont la Princesse de Brézil Dona Marie Françoise Isabelle, l'Infante Dona Marie Anne Françoise, l'Infante Dona Marie Françoise Dorothée, & l'Infante Dona Marie Françoise Benedicte.

Ce beau Dialogue termine un livre portugais imprimé en 1750. Intitulé *Instrucao de principiantes:* c'est-à-dire *Instruction pour les commençans, ou nouvelle Méthode qu'on doit suivre pour enseigner les premiers élémens des sciences, à l'usage des écoles* &c."

Ce Livre a été composé par les Professeurs des Ecoles Royales, connues sous le nom *das Escolas de Nossa senhora das Necessidades*, c'est-à-dire *les Ecoles de nôtre Dame des nécessités*. Ecoles (ou Ecole) auxquelles les peres Portugais qui veulent donner une bonne éducation à leurs enfans doivent les envoyer; puisqu'on ne permet ici aucune autre Ecole publique ou particuliere.

Peu après mon arrivée à Lisbonne, je demandai s'il y avoit une Université, l'on me répondit que ces Ecoles en tenoient lieu : je souhaitai de faire connoissance avec leurs professeurs. J'envoyai (à l'addresse du chef des Ecoles) une grande feuille d'anciens caracteres Grecs rassemblés, & disposez méthodiquement par un savant Anglois nommé *Morton*, & publiés à Londres peu avant mon départ.

Cette feuille étoit accompagnée d'une lettre aussi polie que j'avois pu; ce présent fut agréable si j'en dois croire deux de ces professeurs qui me firent visite trois jours après, pour me faire des remerciemens tant en leur nom, qu'au nom de leurs collegues.

Vous vous doutez bien que je les reçus avec une civilité respectueuse ; mes invitations réitérées les engagerent à rester à diner avec moi. Pendant la meilleure partie de l'après midi ils jaserent avec une volubilité de langue, laquelle (autant que j'ai pu le remarquer) est naturelle aux Portugais. Je m'apperçus qu'ils cherchoient tous deux à passer près de moi pour très-savans, & à me donner la plus haute opinion de leurs écoles, de leur patrie, & de leurs personnes. Leur savoir me parut cependant assez mince & la maniere de s'exprimer beaucoup trop pompeuse. Leurs discours furent abondamment semés de ces sentences latines qui sont dans la bouche de tous les écoliers, & les noms de *Tullius*, & de *Virgile* ornerent un trop grand nombre de leurs phrases. Ils avoient quelque foible idée de la littérature françoise, les noms de Moliere & de Boileau étoient parvenus jusqu'à eux ; mais quand à l'Italienne & à l'Angloise aucun d'eux n'en savoit plus que mon Negre. La feuille d'Alphabets Grecs, que je leur avois envoyée est exposée, m'ont-ils dit, dans l'une de leurs Écoles ; mais ils m'avouerent qu'aucun d'eux ne s'appliquoit à cette langue.

Ma patience alloit être à bout lorsqu'ils me quitterent : fermement persuadés à ce que j'imagine, qu'ils m'avoient étonné par la variété de leurs connoissances, & la facilité de leur élocution. Ayant appris que ces deux Messieurs étoient deux des premiers Professeurs *das Necessidades*, je trouvai moyen de leur rendre leur visite dans un moment ou j'étois sûr de ne pas les trouver au logis, & ne pensai plus à eux. Cependant ce matin ils sont venus me voir une seconde fois, dans le dessein de me rémercier de nouveau, m'ont-ils dit, de mon présent, qui avoit été examiné par leurs collégues, qui l'avoient trouvé *huna Valeroza composicao* (*une noble composition*) & comme ils s'étoient apperçus de l'envie que je témoignois d'être instruit de tout ce qui étoit rélatif à leurs écoles, ils me prierent d'accepter le Livre, duquel j'ai extrait le dialogue qui est au commencement de cette lettre, m'assurant que c'étoit l'une des *composicaos* les plus élégantes & les plus savantes de leur langue.

Ils ne furent pas plutôt sortis, que je me mis à le lire. Il est divisé en deux parties presque égales. La premiere contient un insipide abrégé de leur Histoire, depuis le Comte *Don Henry de Bourgogne* (qui vivoit dans le onzième siecle) jusqu'au présent regne inclussivement. La seconde partie ne contient autre chofe que ce même abrégé mis en Dialogues dont je vous ai traduit le dernier. Le ftile de ces Dialogues eft fimple, parce qu'il n'a pas été poffible d'en employer un autre. Mais quand à celui de l'hiftoire (ou de l'abrégé) il éxifte peu d'ouvrages où l'on trouve autant d'idées fantafques, & de penfées outrées & puériles que dans celui-ci.

Je m'étois imaginé en lifant le titre de ce Livre que c'étoit une efpece d'Etrennes pour les enfans; j'ai vu cependant par la préface, qu'on le met entre les mains des jeunes gens qui aiant fini leurs humanités montent en Rhétorique. J'avoue que je n'ai pas affez de compréhenfion pour concevoir comment il peut contribuer à faire de bons Rhétoriciens de ces jeunes gens; & fi vous relifez ma fidele traduction du Dialogue, vous conviendrez avec moi, que pareilles bagatelles devoient être enfeignées par les nourrices, & point du tout dans une Ecole Royale de Rhétorique. Les enfans de Kelly, qui font les écoliers du plus jeune des deux profeffeurs qui m'ont fait vifite, m'ont dit, que ce Livre ainfi que les autres qu'on leur donne s'apprend par cœur dans chaque école, car telle eft la méthode; & les écoliers qui négligent de s'y conformer en n'apprenant pas leurs leçons ou les récitant mal, font furs d'être châtiés.

Ce qu'il me reste encore à obferver à ce fujet, c'eft que *as Efcolas das Neceffidades* font un Couvent de St. Philippe, & par conféquent que les Profeffeurs font des moines de St. Philippe. Les Jéfuites étoient ci-devant en poffeffion du privilege excluſif d'enfeigner la jeuneſſe de Lisbonne, mais peu après leur expulfion cet honneur fut conféré par le gouvernement à l'ordre de St. Philippe, & je fuis bien furpris fi les pauvres enfans ne font pas tombés de Carybde en Sylla.

C'eft un fait pofitif, que les Jéfuites ont fait tous leurs efforts en Italie pour anéantir toute la Littérature. Avant l'Inftitution de leur ordre nous avions un fi grand nombre d'hommes célebres, & verfés dans les différentes fçiences depuis le Dante (56) jufqu'à Galilée (57), que peu, pour ne pas dire aucune nation moderne ne fauroit en citer autant, mais dès que les Jéfuites fe furent emparés de nos écoles fous prétexte d'enfeigner nos enfans *gratis*, nous n'eumes prefque plus parmi nous d'hifto-

(57) Le Dante né en 1265.
(58) Galilée mourut en 1642.

riens, de politiques, de philosophes & de poëtes. Les Jésuites commencerent par d'écrier la langue grecque, & à nous persuader qu'elle étoit inutile. Alors au moyen de leurs volumineuses grammaires latines, ils rendirent l'étude de cette langue très-difficile & presqu'impossible m'étant pas aisé d'apprendre une chose inconnue par le moyen d'une autre également inconnue. Ils corrompirent jusqu'à nôtre langage, & furent cause qu'il regna dans nos ouvrages de toute espece une si grande abondance de pointes & d'équivoques, que pendant la durée de leur regne c'est-à-dire pendant le dernier siecle, nous avons mérité les plaisanteries des nations voisines, que nous avions autrefois étonnées, & dont nous nous étions attiré l'admiration.

Il est heureux pour nous que les Jésuites n'aient jamais été admis dans l'Université de Pise, & qu'on ne leur ait pas même permis d'enseigner dans les moindres écoles de la Toscane, de sorte qu'il a été du moins au pouvoir des Toscans, des Disciples & des imitateurs de Galilée, de nous sauver de la barbarie, & de rendre aux sciences en Italie leur pureté & leur premiere splendeur. *Rinaldini*, *Aggiunti*, les deux *Del Buonos*, *Viviani*, *Bellini*, *Torricelli*, *Redi*, & plusieurs autres nous ont en quelque maniere délivré de nos mauvais inſtituteurs, mauvais relativement à nous, quoiqu'ils ne le fuſſent pas pour leurs confreres; & qu'ils s'inſtruiſiſſent mutuellement avec zele, & fuſſent preſque les feuls favans de tout le païs.

Ici il ne fera pas hors de propos de fe rappeller, que parmi nos Princes Italiens, ce fut nôtre glorieux Roi Victor Amédée qui découvrit le premier le deſſein fecret des Jéſuites (58) & qui le premier eut le courage de les dépouiller dans tous fes Etats du privilege exclufif qu'ils s'y étoient arrogés de nous enfeigner. Et c'eſt originairement à lui que la plus grande partie de l'Italie eſt redevable du bonheur de n'avoir que peu de Jéſuites pour Inſtituteurs.

En Portugal on auroit pu mieux faire que de leur fubſtituer les moines de St. Philippe, s'ils reſſemblent ainſi que j'en fuis perfuadé par l'ignorance à ceux d'Italie. Mais il faut efpérer que ces Réverends peres n'auront été chargés que pour un temps de cette importante fonction, jufqu'à ce que les troubles préfens foient un peu appaifés. On m'a afſuré, que le Miniſtere fe propofoit d'établir un meilleur or-

---

(58) *Le deſſein des Jéſuites.* L'Auteur convient donc qu'ils en avoient un, & quel pouvoit-il être, finon celui que nous avons expofé. Note 52.

dre dans les écoles publiques, & qu'un nombre confidérable d'hommes véritablement inftruits devoient être appellés des pays étrangers; on a même ajouté, gens qui prétendoient le bien favoir, que le vieux *Facciolati* le philologue, le pere *Frifi*, le Mathématicien, & quelques autres des plus célebres de Padoue, de Milan, & d'autres Villes d'Italie étoient attendus à tout moment dans ce pays; que l'on doit fonder une nouvelle Univerfité dans cette Capitale, dans laquelle plufieurs Profeffeurs de Coimbre feront incorporés, & que cette ancienne Univerfité demeurera fupprimée.

Il ne m'a pas été poffible de m'affurer fi ces bruits étoient fondés. Le jour approche, peut-être, où les Portugais fe tireront de leur ignorance & de leur fuperftition; & fe mettront au niveau des autres nations Catholiques.

LETTRE XXXIII.

Puces, rats, & autres commodités. Amour dans un endroit, liberté dans l'autre. Dévotion ici, & dévotion là.

Aldeagallega; 17 Septembre 1760.

Le pauvre Voyageur a quitté aujourd'hui Lisbonne, dans l'après midi afin de s'avancer vers sa patrie.

Le Tage, qui n'a pas trois mille de large à son embouchure, en a neuf à l'endroit où je l'ai passé; mais le vent m'a été si favorable qu'en trois heures de temps je l'ai traversé à la Voile dans une chaloupe ouverte.

Me voici actuellement dans la meilleure Auberge (en langue du pays *Eſtallage*) d'*Aldeagallega*. Mon appartement n'est autre chose qu'une grande chambre garnie tout autour de belles & larges toiles d'araignée, & meublée d'une Natte fort étroite qui est destinée à me servir de lit & où je pourrai m'étendre tout à mon aise lorsqu'il me prendra envie de me coucher. De vitres cette chambre n'en a point; au lieu de carreaux elle a des volets si pleins de fentes, & de trous que tous les enfans d'Ecole peuvent y passer à leur aise. Quant au lit, aux tables, aux chaises, aux tableaux & aux autres meubles en usage parmi les chrétiens & les Mahométans, on n'en rencontre aucuns : & je compte qu'une multitude de rats passeront cette nuit au travers des différentes ouvertures des planches qui forment le plancher, pour me regarder, & peut-être me dévorer ; car l'*Estallageiro* n'a rien à manger ni pour eux, ni pour moi.

Tel est le logement que j'ai pour cette nuit ; mais quoi que le risque d'être mangé des rats soit peut-être plus imaginaire que réel, il est cependant très-probable que je n'échapperai pas avec toute ma peau de la fureur des puces, qui rodent dans cette chambre dispersées en escadrons nombreux ; & qui paroissent s'impatienter de ce que je tarde si long-temps à éteindre la lumiere, n'attendant que ce moment pour m'assaillir, & me dévorer.

Je ne coucherai pourtant point sur la Natte, Baptiste, qui a beaucoup voyagé dans tout ce pays, m'a acheté un grand sac, qui doit me tenir lieu de lit pendant tout le temps que je traverserai le Portugal, & il vient dans l'instant de me dire, qu'il a trouvé assez de paille séche pour le remplir; desorte qu'il est sûr que je passerai une bonne nuit dessus, à l'aide des draps, & de la couverture dont il s'est pareillement pourvu. Quant aux vivres, nous avons apporté avec nous de la volaille, des jambons, des saucisses, des pâtés, des gâteaux & du fromage; ainsi aucun de nous n'aura l'horrible destinée qu'eut *Jugurtha* après qu'il fut tombé entre les mains des impitoyables Romains.

A présent, vous souveraines du Parnasse, en récompense de mes longs services passés pour lesquels vous ne m'avez jamais rien donné, je vous supplie d'obtenir d'Apollon vôtre pere qu'il ait la complaisance de ramener de bonne heure le jour dans ces régions, pour que je puisse bientôt découvrir la route qui éloigne les Voyageurs du très-méchant Cabaret *d'Aldeagallega*.

POSTSCRIPT.

Le soupé étant fini, & ayant une grande répugnance à me coucher sur le sac de paille, j'ai été faire une tour de promenade. L'air est tout à fait calme & serein, & la Lune brille dans tout son éclat. Comme je m'avançois à pas lents, & profondément enséveli dans mes réflexions. Je me suis trouvé sur les bords du Tage, qui n'est qu'à une portée de pistolet de l'Auberge. J'y ai rencontré nombre de couples qui paroissoient heureux; quelques uns étoient assis, d'autres alloient & venoient, tous se parloient bas, tous s'embrassoient, tous s'entretenoient, & jouissoient de la fraicheur de la soirée.

Bonnes gens! me suis-je dit en moi-même. J'ignore l'espece de soupé qu'ils ont eu, probablement leurs lits ne valent pas mieux que celui que Baptiste m'a procuré! malgré cela ils sont heureux. Pourquoi les Anglois étourdissent-ils les étrangers de leur liberté? N'est-ce pas être libre que de se promener le long de la riviere à *Aldeagallega*; & d'y dire tout ce qu'on pense à une jolie femme, sans penser ni à la politique, ni au ministere, ni aux factions?

Heureux habitans *d'Aldeagallega!* continuez sur le même ton, & ne vous inquiétez jamais de la maniere dont on dépense l'argent de la nation!

J'avois déja observé que les Portugais étoient de leur naturel plus portés à la galanterie que les Anglois, & j'attendois l'occasion de vous le dire. Les habitans *chacun avec sa chacune* viennent de la faire naître: toutes les nations qui habitent des climats chauds en agissent de même. Les
gens

gens nés dans un climat froid ont à peine une foible notion des effets d'une température chaude. Dans les régions septentrionales on a besoin de quantité d'habillemens, & de beaucoup de bois pour passer la vie avec quelque douceur, & là où l'habillement & le bois sont très-nécessaires, ce n'est qu'avec beaucoup de souci & de temps qu'on peut se les procurer. Le cas est un peu différent dans les pays où on a besoin de moins de choses. Voilà la véritable raison pour laquelle on trouve en Angleterre des gens qui ont à peine été amoureux une fois en leur vie : pendant mon séjour de dix ans dans cette Ile j'y ai rencontré nombre de libertins, à peine y ai-je trouvé une seule personne qui fût véritablement amoureuse. En Portugal tout le monde l'est depuis le jour de sa naissance jusqu'à celui de sa mort. *Camoens* a eû par conséquent raison lorsqu'il a dit.

Venus bella
Affeycoada a gente Lusitana.

La charmante Vénus aime les Portugais.

L'Amour est la passion dominante sur les bords du *Tage*, comme la *liberté* est celle qui domine sur ceux de la *Tamise*.

Il y a plusieurs autres différences frappantes entre les Portugais & les Anglois; mais celle entr'autres qui m'a paru la plus remarquable, c'est leur maniere d'être dévots, lorsque par dévotion nous entendons les démonstrations extérieures de religion indépendantes de son esprit. Voyez les Anglois à l'Eglise ils y sont débout ou assis d'un air composé & recueilli : chantent leurs pseaumes & leurs cantiques d'un ton égal; il ne s'en trouve pas un seul sur cent en qui l'on remarque la moindre chose qui dénote un enthousiaste, à l'exception d'un petit nombre des sectaires connus sous les noms de *Méthodistes*, & de *Quakers*, que l'on pourroit nommer à juste titre la partie Lusitaine de la Nation Britannique.

Les Portugais au contraire lorsqu'ils sont à l'Eglise, sont dévots au suprême degré. Ils y sont presque toujours à genoux, ont les yeux fixés constamment au Ciel; tiennent leurs mains jointes, chantent à haute voix, ou profèrent des prieres jaculatoires avec beaucoup de zele, & se frappent souvent la poitrine. Sortez de leurs Eglises, & contemplez leurs maisons. Vous verrez plusieurs croix peintes sur les murs extérieurs, ou une Madone, ou un St. François, ou un St. Antoine. Voyez-y entrer un de leurs moines, les femmes, les hommes, les enfans se levent sur le champ, courent à lui, & baisent humblement sa main, ou le bord de son vêtement, ou le chapelet pendant à sa Ceinture. Tous les soirs on les voit rassemblés s'agenouiller autour d'un grand crucifix planté au milieu d'une rue, chantant à plein gozier des litanies. Aucun d'eux n'oseroit mourir sans s'acquiter de plusieurs cérémonies préparatoires, ce qui n'est pas de même en Angleterre; & lorsqu'ils sont morts, on les enterre revêtus d'un habit qu'il faut acheter d'un Franciscain ou d'un Dominicain, de la sainteté duquel le défunt avoit une grande idée. Je me rappelle un impudent Franciscain Portugais que je rencontrai une fois dans une chaloupe en descendant le Po, qui regardoit les Italiens comme étant presque tous hérétiques. Ce qui lui avoit inspiré cette idée étoit que personne ne vouloit lui rien donner de son habit, qu'il n'auroit eu aucune peine à placer pour quarante ou cinquante Ecus en Portugal.

Comment pouvoir exprimer la dévotion des Portugais pour la Vierge Marie? Les Italiens Méridionaux en font à peine autant de cas que les Portugais; les Anglois ne pensent jamais à elle. Vous croirez aisément que ceux qui font peu de cas de la Vierge, en font très-peu des saints, ce qui n'eſt pas de même en Italie ou en Portugal. Les portugais les réverent cependant beaucoup plus que nous; vous auriez ſurtout peine à concevoir les idées ſublimes qu'ils ſe ſont formées de St. Antoine! Les douze Apôtres enſemble n'ont pas la centieme partie des prieres qu'on lui addreſſe. St. Antoine étoit leur compatriote, & en cette qualité, ils ſont perſuadés, qu'il s'intéreſſe plus à eux qu'aucun Apôtre ou qu'aucun autre Saint. Mais qu'ont ils à faire à St. François, qui étoit notre compatriote, & qui, à ce que je crois, ne fut jamais de ſa vie en Portugal? Cependant ils le mettent de niveau avec St. Antoine, & même un degré plus haut à en juger par leurs *François* & par leurs *Françoiſes*, qui ſont beaucoup plus nombreux dans leur pays que les *Antoines* & les *Antoinetes*. Vous aurez une preuve du foible des Portugais, d'abord pour Notre-Dame, enſuite pour St. François ſi vous prenez la peine de relire le Dialogue du Livres des moines de St. Philippe. Vous y verrez que les quatre filles du Roi ont été baptiſées ſous le nom de *Marie Françoiſe*.

Mais la grande dévotion des Portugais n'eſt point incompatabile avec leur amour pour le ſexe, ou leur goût pour la danſe, qui eſt encore une de leurs paſſions favorites. Dès qu'ils ont fini de chanter leurs litanies du soir devant leurs crucifix des rues, ou à leurs fenêtres ou balcons, si vous faites un tour dans la ville, vous en verrez dans les maisons & dans les boutiques un grand nombre dansant gaiement au son d'une ou de deux guitares, tandis que quelqu'un de la compagnie, ou les musiciens eux-mêmes s'accompagnent en chantant. Ce ne sont point des menuets ou de nos autres danses graves. Les leurs sont d'une espece moins insipide moins froide, & moins ressemblantes à celles des François. Elles sont principalement composées de sauts, & de bonds, de postures gracieuses, & de chûtes agréables, ils frappent fréquemment & vivement la terre du talon, de maniere à faire naitre la joie, & à inspirer des desirs.

C'est ainsi que les Portugais passent leur vie, dans un cercle continuel de dévotion & de plaisir. Ils ne sont ni gourmands ni ivrognes, quoique leur pays leur fournisse assez de quoi faire bonne chere, & quantité de vin. Leur bœuf & leur veau ne sont généralement pas aussi bons qu'en Angleterre, & que dans les parties Occidentales & septentrionales de l'Italie ; mais leurs cochons, leurs moutons, & leurs agneaux sont excellents : il en est de même de leurs poulets, de leurs canards, de leur coq-'dindes, & de leur gibier. Quant au poisson, la poissonnerie de Lisbonne est peut-être la plus abondante de toute l'Europe, & celle où on trouve le plus de différentes sortes de poissons : rien de plus exquis que leurs fruits & leurs légumes. Le petit peuple goute rarement de la viande ; mais les gens aisés ont une fort bonne table, & des cuisiniers François. Il doit néanmoins en couter beaucoup pour tenir maison à Lisbonne à en juger parce que l'on paie à l'auberge : mon ordinaire chez *Kelly*, qui n'étoit certainement pas magnifique me coutoit plus d'une guinée par jour. J'ignore la maniere dont vivent les grands Seigneurs dans cette Capitale n'en ayant vu aucun. Parce que j'ai pu remarquer des gens d'un rang inférieur il m'a paru qu'ils faisoient cas d'une bonne maison ; lorsqu'ils n'en avoient pas ils s'accommodoient tout aussi bien d'une *baraque*. Quand aux meubles, ils sont peu difficiles sur cet article, un matelas bien dur dans un coin, une natte, ou leurs vétemens même leur tiennent lieu du meilleur lit ; ce qui fait qu'ils ont généralement l'air mal-propres. Il n'est presque rien qu'on puisse imaginer qui ne leur tienne lieu de vivres, ils se contentent fort bien d'eau pour appaiser leur soif, il est vrai que celle qu'on boit à Lisbonne est excellente.

Les Portugais s'inquietent peu du lendemain, ce triste lendemain & l'amour de la liberté roulent continuellement dans la tête des Anglois. Les Portugais sont en général robustes, vifs, & de longue vie, si l'on en juge par la quantité de vieillards qu'on rencontre dans leur Capitale. Savoir si la masse de bonheur est plus grande en Portugal, qu'en Angleterre, c'est ce que je n'ai ni le temps, ni la faculté de calculer; ce que je sais c'est que les Portugais ne paroissent point occupés du désir de changer de pays, ou de la crainte de la misere.

On ne sauroit assez se lamenter sur la destruction de leur Capitale; lorsque les Portugais parloient de cette ville, ils avoient coutume de dire: *Quem nao ha visto Lisboa, nao ha visto cos a boa: Celui qui n'a pas vu Lisbonne n'a rien vu de bon.* Presque toutes les nations ont au moins un proverbe national de cette espece. *Quien no ha visto Sevilla, no ha visto maravillia. Celui qui n'a pas vu Seville, n'a pas vu de merveille. Qui n'a point vu Versailles, n'a vu rien qui vaille.* Je pourrois vous en citer plusieurs autres de ce genre pour peu que j'en eusse envie. Celui des Napolitains est le plus énergique de tous quoiqu'il ne soit pas rimé „*Vedi Napoli e po mori.* Voyez Naples, & puis mourrez.„

Il est temps de finir *mon postcript*. Je vais me coucher sur mon sac, ou paillasse & narguer les rats & les puces.

Fin du Premier Tome.

ERRATA.

Pour le Voyage de Londres à Gênes.

TOME PREMIER.

Page 34. Ligne 20. à cheveux, *lisez* à ses cheveux.

— 72. Lig. 5. y a-t-il & *ôtez* &.

— 77. - - - 4. il n'y a ce *lisez* il n'y a que ce.

— 109. - - - derniere, gauche l'entrée, *lisez* gauche de l'entrée.

— 121. - - - 18. il la changea, *lisez* il la chargea.

— 141. - - - 14. l'idée une *lisez* l'idée d'une.

— 148. - - - 5. & cette *lisez* & ce.

— 173. - - - 27. parvint *lisez*, peuvent.

— 185. - - - 4. par lequel étions, *lisez* par lequel nous étions.

— idem. - - - 19. poëte barbarique, *lisez* poëte Baléarique.

ERRATA.

Page 210. ligne 7. Cabera, *lisez* Cabeza.

— *idem.* - - - 10. *la même faute.*

— 234. - - - 4. parmi fe, *lisez* parmi lesquels fe.

— 246. - - - 3. Wash, *lisez* Walsh.

— 250. - - - 15. autrefois, fois *retranchez le dernier* fois.

— 270. - - - 24. qui je, *lisez* que je.

— 279. - - - 13. huna valerofa, *lisez* huma valerofa.

— 295. - - - 22. Cos a boa, *lisez* Cofa boa.

www.ingramcontent.com/pod-product-compliance
Lightning Source LLC
Chambersburg PA
CBHW071419150426
43191CB00008B/978